"Kyle Idleman nunca (
Kyle siempre se mue
este libro, verás la gracia desde una nueva perspectiva; verás a
tu Dios amoroso bajo una nueva luz. Léelo y recibirás ánimo".
Max Lucado, escritor de *GRACIA* y *En manos de la gracia*

"Gracia es mi tema favorito, y el nuevo libro de Kyle Idleman
brinda nuevo aliento por medio de historias atractivas y pers-
pectivas maravillosas. Nada es más grande que la gracia divina.
¡Celébrala, vívela, compártela!".
Lee Strobel, galardonado autor de *El caso de la gracia*

"Kyle Idleman es un escritor extraordinario. Al abrir tanto el
corazón como la Palabra de Dios, narra historias conmovedoras
y significativas, y confiesa sus propias debilidades con trans-
parencia impresionante. También tiene un irónico sentido del
humor, que resalta el mensaje sin quitar mérito a las importantes
lecciones que ofrece. *Su gracia es mayor* es práctico e inspirativo,
y provee una senda clara hacia la libertad por medio del asombroso regalo divino de la gracia. ¡Me encantó!".
Liz Curtis Higgs, afamada autora de
Mujeres malas de la Biblia

"Como seguidor de Jesús, me es imposible no ser admirador de
Kyle Idleman. Él parece comer, dormir y respirar pasión por una
conexión de corazón con Dios. Esa clase de relación no puede
ocurrir si confinamos la gracia de Dios simplemente a la obra
que Él hizo para salvarnos. Surge cuando permitimos que su
gracia impregne las partes más desordenadas de nuestras vidas y,
finalmente, se convierta en la característica definitoria de cómo
tratamos a los demás. El libro *Su gracia es mayor*, de Kyle, es un
recorrido sobre cómo hacer que eso suceda".
Doctor Tim Kimmel, autor de *Crianza llena de gracia*

"Los libros de Kyle Idleman nunca dejan de inspirarme. ¡Él escribe con valor y comunica la verdad bíblica en forma fresca y convincente! Kyle nos reta no solo a experimentar la gracia de Dios, sino a asegurarnos de que nadie con quien nos contactemos la desaproveche. La sabiduría ingeniosa y franca de Kyle te motivará y te animará a llevar una vida acorde a nuestro llamado. ¡Lo recomiendo en gran manera!".

Chip Ingram, autor de *Amor, sexo y relaciones duraderas*

"Si Kyle Idleman escribe algo, ¡lo leo! Me senté a leer *Su gracia es mayor* y no pude parar. Me retó la enseñanza de Kyle sobre la gracia. La forma en que presenta a Dios me consoló. ¡Las palabras que describen a las personas me inspiraron! Soy diferente y mejor a causa de este libro... y tú también lo serás".

Caleb Kaltenbach, autor de *Messy Grace*

"Cuando me enviaron el manuscrito de *Su gracia es mayor*, pensé: *Oh no, ¡otro libro sobre la gracia!* Rápidamente, revisé mi pequeña biblioteca y descubrí que ya tenía al menos ocho libros cuyos títulos incluían la palabra *gracia*. Me pregunté: ¿*Necesito otro?* Pero comencé a leer, y de inmediato me atrajeron las historias cautivantes, el excelente humor, las verdades convincentes y, sí, la gracia de Kyle Idleman. Reí a carcajadas y derramé unas cuantas lágrimas, mientras recordaba en formas novedosas y generales la grandeza, el poder y la relevancia de la gracia de Dios por los quebrantados, desilusionados y dolidos que todos encontramos en nuestro camino. Después de leer *Su gracia es mayor*, decidí que la respuesta a mi pregunta era: *Sí, necesito otro libro sobre la gracia.* Creo que todos lo necesitamos".

Cynthia Heald, autora de *Como ser una mujer de gracia*

"Kyle tiene una manera de comunicar la gracia que invita a todos a aceptarla. *Su gracia es mayor* te retará a recibir a diario el amor y la misericordia de Dios, y a entregarlos libremente a otros. Desde la primera página hasta la última, verás que la gracia es, en realidad, más grande que cualquier cosa y que todo lo demás".

Mark Batterson, amante de la gracia de
Dios y afamado autor del éxito de ventas del
New York Times, El hacedor de círculos

"Kyle evita todas las tonterías y nos lleva directo a lo que espiritualmente es más importante".

Jud Wilhite, autor de *Gracia sin censura*

"A diferencia de la prueba de 'si parecen, es que son', que un libro hable de gracia no significa que conozca la gracia. Dichosamente para nosotros, *Su gracia es mayor*, de Kyle Idleman, habla de la gracia y la conoce. Léelo. Luego compártelo con alguien más, sin condiciones, tal como la gracia".

John D. Blase, poeta y escritor de
All of Grace (con Brennan Manning)

"*Su gracia es mayor* es una hermosa narración que resume no solamente la belleza y la santidad de la gracia de Dios, sino la forma en que esa gracia nos alcanza y nos encuentra al pie de las montañas que todos enfrentamos; también resume la manera en que nos levanta, nos limpia totalmente y nos invita a entrar a los brazos increíbles del perdón. *Su gracia es mayor* es una invitación a hurgar en tu propio espíritu; a abandonar las preocupaciones, los remordimientos y las suposiciones que te mantienen cautivo; y a recibir completamente el amor de Dios en sus niveles más básicos y profundos".

Emily Ley, autora de *Grace, Not Perfection*

"Kyle tiene talento con las palabras; cuando su pluma toca el papel, Dios lo utiliza para sacudir nuestra alma y expandir nuestra imaginación. En *Su gracia es mayor*, aprenderás que la gracia de Dios es superior a tus equivocaciones, tus sufrimientos y tus circunstancias. Te va a encantar este libro".

Derwin Gray, autor de *Crazy Grace for Crazy Times*

"Si estás cansado de huir de tus equivocaciones, tus sufrimientos y tus circunstancias, lee este libro. Con verdad bíblica certera, historias fascinantes y diligencia conmovedora, Kyle Idleman te llevará al lugar de la gracia. A medida que apliques personalmente las verdades que se hallan en *Su gracia es mayor*, te verás perseguido por la gracia y abrazado por Dios. ¡Compra un ejemplar para ti y diez más para obsequiar!".

Carol Kent, autora de *Pasiones de la mujer cristiana*

Con la ayuda de Dios puedes superar
tu pasado y tu dolor

SU
GRACIA
ES MAYOR

kyle idleman

EDITORIAL
PORTAVOZ

Título del original: *Grace is Greater*, © 2017 por Kyle Idleman y publicado por Baker Books, una división de Baker Publishing Group, Grand Rapids, MI 49516, U.S.A. Traducido con permiso.

Edición en castellano: *Su gracia es mayor* © 2018 por Editorial Portavoz, filial de Kregel Inc., Grand Rapids, Michigan 49505. Todos los derechos reservados.

Traducción: Ricardo Acosta

EDITORIAL PORTAVOZ
2450 Oak Industrial Drive NE
Grand Rapids, Michigan 49505 USA
Visítenos en: www.portavoz.com

ISBN 978-0-8254-5737-1 (rústica)
ISBN 978-0-8254-6632-8 (Kindle)
ISBN 978-0-8254-8789-7 (epub)

1 2 3 4 5 edición / año 27 26 25 24 23 22 21 20 19 18

Impreso en los Estados Unidos de América
Printed in the United States of America

CONTENIDO

Parte 3: Su gracia es más grande... que tus circunstancias

PRÓLOGO

Hace cinco años, estaba viajando por todos los Estados Unidos hablando en diferentes iglesias y dando conferencias sobre el tema de seguir a Jesús. Escribí un libro titulado *No soy fan*, que desafía a aquellos que se hacen llamar cristianos, a que no sean admiradores de Jesús, sino seguidores de Jesús. Cuando Él nos invitó a seguirlo, estaba invitándonos a negarnos a nosotros mismos y tomar una cruz. Nuestra tendencia, especialmente en el mundo occidental, es tratar de seguir a Jesús sin negarnos a nosotros mismos. Queremos aceptar la invitación que nos hace, pero nos obsesiona estar cómodos, lo cual significa que tratamos de seguir a Jesús sin llevar una cruz.

Es decir, queremos seguir a Jesús lo suficientemente cerca para obtener los beneficios, pero no tanto como para que nos exija algo. Cuando Jesús ofreció su invitación, hizo sentir incómodas a las personas. En realidad, tan incómodas que no era raro que grandes multitudes dieran media vuelta y se fueran a casa.

Cuando predico este mensaje, por lo general me pongo muy nervioso. Quiero que los cristianos se sientan incómodos con la idea de que es correcto seguir a Jesús en los términos de ellos en lugar de seguirlo en los términos de Él. Una noche me hallaba en Birmingham, Alabama, predicando a una audiencia de varones en la Universidad de Alabama. Tiendo a ser especialmente duro cuando hablo a un salón lleno con miles de hombres. Después de terminar mi charla, bajé del escenario sintiéndome muy bien por haber apaleado a miles de ellos al mismo tiempo. Me quedé un rato más, saludé a algunos de los varones y autografié algunos libros. Uno de ellos me pasó un pedazo de papel con una referencia bíblica garabateada allí.

Hebreos 12:15

No le pedí que dijera qué dice el versículo. Sé que esto parece un poco patético, pero si alguien menciona una referencia bíblica, lo más probable es que yo actúe como si supiera lo que dice, aunque no tenga idea. Podrías estar inventándola, y es probable que, aun así, yo asiente con la cabeza como si no solo conociera esa referencia, sino como si hubiera sido una de las que memoricé de joven. Le agradecí, metí el pedazo de papel en mi bolsillo y olvidé el asunto.

Una de dos cosas sucede a casi todo lo que tiene la desdicha de hallarse en mi bolsillo. O termina en la basura con un montón de palillos rotos de dientes y envolturas de goma de mascar o, lo más probable, queda en el bolsillo de mis pantalones vaqueros hasta que pasa por tantos ciclos de lavado, que finalmente se disuelve en pelusas que van a parar a la rejilla recolectora de la secadora.

Sin embargo, cuando me dirigía a casa esa noche, me detuve en un autoservicio para comprar un aperitivo. Al buscar algunas monedas en mi bolsillo, saqué ese pedazo de papel. Mientras esperaba mi comida, abrí Hebreos 12:15 en mi teléfono. Conocía el versículo, pero cuando lo leí esa vez, fue diferente. ¿Alguna vez leíste un versículo de las Escrituras y te pareció que Dios mismo lo leía para ti? Así pasó esa noche.

Mirad bien, no sea que alguno deje de alcanzar la gracia de Dios.

Desde esa noche en el autoservicio, Dios me ha hecho participar en un viaje hacia la escritura de este libro. Todavía me gusta retar a la gente con lo que se necesita para seguir de manera total a Jesús, pero en lo profundo de mi mente, oigo a cada instante al Espíritu Santo susurrándome: *Mirad bien, no sea que alguno deje de alcanzar la gracia de Dios.*

La palabra traducida "deje de alcanzar" también podría traducirse "no reciba", "no obtenga" o "deje de experimentar". Mi oración por ti mientras lees este libro es que recibas, obtengas y experimentes la gracia de Dios en tu vida.

INTRODUCCIÓN

Su gracia es mayor

Al principio de cada año, puedes encontrar uno o dos artículos que actualizan a los lectores sobre nuevas palabras o términos que se han añadido al diccionario inglés. Siempre encuentro fascinante ver un vocablo que no existe, o que al menos hace un año no se reconocía oficialmente, incorporarse a nuestro vocabulario oficial.

Fíjate, a menudo no utilizo estas palabras nuevas, porque usar a propósito palabras con las que la gente no está familiarizada parece algo pueril, quizá incluso un poco inmaduro. Pero este año, cuando leía estas palabras recién reconocidas, decidí entretenerme tratando de imaginar el significado de la expresión antes de leer su significado. Esto fue más retador de lo que anticipé. Te daré tres de mis nuevas palabras favoritas, y trata de imaginar la definición:

fonesia
disconfectar
lluvia-de-culpa

¿Tienes tus propias definiciones? He aquí las verdaderas.

1. *Fonesia*. Creí que esta palabra era probablemente un sustantivo relacionado de alguna manera con "teléfono" y "amnesia". He aquí la definición que supuse: "Fenómeno de olvidar dónde dejaste tu teléfono celular momentos después de utilizarlo". Esta es la definición real: "Acción de marcar un número telefónico y olvidar a quién estás llamando justo cuando la persona contesta".

2. *Disconfectar*. Te daré una pista: esta palabra podría ser útil para usar durante la época de Halloween. He aquí un ejemplo del vocablo usado en una frase: "El niño le preguntó a su madre si podía comer el caramelo ya que lo había 'disconfectado'". Esta es la definición: "Intento de esterilizar un caramelo que se ha caído al suelo, soplándolo".

3. *Lluvia-de-culpa*. Esa expresión podría usarse en un entorno empresarial. Está claro que es una adaptación de la expresión "lluvia de ideas". He aquí la definición: "Sentarse en un grupo a debatir quién es el responsable por los problemas de la empresa, en lugar de tratar de solucionarlos".

Esos son algunos términos nuevos con significados nuevos. Son interesantes y captan nuestra atención porque son nuevos, y sin embargo, definen algo conocido.

Gracia no es una palabra nueva para nosotros. Es conocida... y ese puede ser un problema. Cuando usas una expresión que ha estado allí por mucho tiempo y de la que se ha hablado a menudo, la gente tiende a bostezar. La palabra *gracia* es tan común que no se siente muy extraordinaria.

Recuerdo un comercial de las hojuelas de maíz de Kellogg's que apareció cuando yo era niño. Al parecer, la empresa hizo alguna investigación y descubrió que muchos de sus consumidores potenciales se criaron comiendo hojuelas de maíz de Kellogg's, pero que no habían comprado una caja en los últimos años. Así que se les ocurrió un lema de campaña que decía así: "Las hojuelas de maíz de Kellogg's... vuelve a probarlas por primera vez". Ellos quisieron reintroducir a las personas a este producto, así que las invitaron a probar las hojuelas de maíz de Kellogg's como si nunca antes lo hubieran hecho. Sé que mucha gente ha oído incontables sermones sobre la gracia. Incluso pudiste haber leído una cantidad de libros acerca de la gracia. Pero mi oración es que vuelvas a ver esta palabra por primera vez.

Raíz de amargura

Hebreos 12:15 declara: "Procuren que a nadie le falte la gracia de Dios" (DHH). Esta orden está seguida por una advertencia de lo que sucede cuando alguien no la alcanza:

...a fin de que ninguno sea como una planta de raíz amarga que hace daño y envenena a la gente (DHH).

Cuando nos falta gracia, una raíz amarga empieza a crecer. En la cultura hebrea se llamaba "amarga" a cualquier planta venenosa. El escritor de Hebreos usa "raíz amarga" como una metáfora para clarificar que, cuando nos falta gracia, las cosas se vuelven tóxicas. La religión sin gracia es venenosa. Una relación sin gracia es venenosa. Una iglesia sin gracia es venenosa. Un corazón sin gracia es venenoso. La raíz amarga puede ser pequeña y de crecimiento lento, pero en última instancia, el veneno surte efecto.

En este libro, veremos la grandeza de la

Cuando nos falta gracia, las cosas se vuelven tóxicas.

gracia y el efecto que tiene en nuestras vidas, pero seamos claros: también hay efectos cuando falta gracia. Cuando esto ocurre, con el tiempo el veneno de la amargura y la ira aumentará tanto como para mantenerlo enterrado. El veneno de la culpa y la vergüenza finalmente destruirá un alma.

Experimenta la gracia

Muchos libros teológicos enseñan la doctrina de la gracia, y algunos de ellos me han ayudado enormemente. Sin embargo, debo aclarar que este no es uno de ellos. Eres bienvenido a hacer un comentario en el blog o a enviarme un correo electrónico para señalarme esto, pero no será muy divertido porque estaré de acuerdo contigo. Estoy poco interesado, y en realidad menos calificado, en enseñarte respecto a la doctrina de la gracia. Me interesa mucho más ayudarte a que *experimentes* la gracia. Tiendo a creer que la gracia se entiende mejor y más plenamente por medio de la experiencia, que de la explicación.

Imagina la gracia como el amor romántico. Si quieres entender el amor romántico, puedes abrir un texto científico que te lo explique en términos de reacciones neurales y químicas. Eso podría ser útil, pero en realidad solo hay una manera de entender el amor romántico. Este debe experimentarse.

Además, cuando algo se entiende mejor por experiencia, se enseña mejor por medio de historias, las cuales te llevan a una experiencia. La Biblia está llena de narraciones que nos enseñan acerca de la gracia. Cuando Jesús quiso ayudar al pueblo a entender la gracia de Dios, no brindó una explicación larga y detallada. En lugar de eso, contó la historia del hijo pródigo.

Compara lo que aprendemos de Pablo con lo que aprendemos de Jesús respecto a la gracia. El apóstol utiliza más de cien veces en sus cartas la palabra *gracia* para ayudar a la Iglesia a comprender la gracia. Por otra parte, Jesús nunca usó la palabra *gracia*. En vez de eso, demostró cómo era. Ambos enfoques son útiles y necesarios, y sin duda las explicaciones de Pablo estaban motivadas por su propia experiencia de la gracia y su deseo de que otros la experimentaran. Pero si la gracia se explica sin ser experimentada, en realidad no surte mucho efecto. Si readaptamos la famosa cita de E. B. White acerca del humor: "La gracia puede disecarse como una rana, pero el animalito muere en el proceso".

He asistido a varias clases de seminario y he tomado notas del tema de la gracia. He aprendido de memoria innumerables versículos bíblicos que describen la gracia. He leído muchos libros sobre la gracia. No obstante, ¿sabes qué me ha enseñado más al respecto? Mi propia historia y las historias de otros que han experimentado gracia.

La gracia de Dios es convincente cuando se explica, pero irresistible cuando se experimenta.

> *La gracia de Dios es convincente cuando se explica, pero irresistible cuando se experimenta.*

Es mi oración que no te falte gracia, sino que más bien experimentes poderosamente su efecto en tu vida; y sin importar lo que hayas hecho ni lo que te hayan hecho, experimentarás en vivo la verdad de que la gracia de Dios es mayor.

La gracia es suficientemente poderosa para borrar tu culpa.

La gracia es suficientemente poderosa para cubrir tu vergüenza.

La gracia es suficientemente poderosa para sanar tus relaciones.

La gracia es suficientemente poderosa para sostenerte en tu debilidad.

La gracia es suficientemente poderosa para curar tu amargura.

La gracia es suficientemente poderosa para tratar con tu desilusión.

La gracia es suficientemente poderosa para redimir tu quebranto.

La gracia explicada es necesaria, pero la gracia experimentada es esencial.

PARTE 1

Su gracia es más grande…
que tus equivocaciones

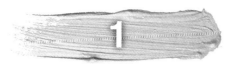

Más indulgente que tu culpabilidad

Mi hijo siempre ha tomado muy en serio el "truco o trato" de Halloween.[1] Literalmente, hace un plano del vecindario, trazando con sumo cuidado su ruta para no saltarse una sola casa. No es que no quiera divertirse recolectando caramelos. Esta es una competencia que debe ganar, una misión para completar. Él elige sus disfraces teniendo en cuenta la movilidad. Al final de cada competencia, trae su bolsa de caramelos y los pesa. Luego los organiza. Obtiene de su madre ese ímpetu. Mi hijo separa todos los chocolates y los congela, luego organiza el resto por tipo y color.

Yo sabía todo eso. Lo que *no* sabía es que el chico también crea una hoja de cálculo para rastrear cuántos caramelos ha recolectado, cuántos se ha comido y cuántos le quedan.

Cuando mi hijo tenía nueve años, su bolsa pesaba dos kilos

---

1. Si ya estás molesto porque dejo participar a mi hijo en "truco o trato", recuerda, por favor, que estás leyendo sobre la gracia.

y medio. Esa noche de Halloween, se acostó y yo hice lo que normalmente hago: robé el tesoro de un niño pequeño, mientras él dormía. Decidí que mi hijo nunca notaría si le faltaban algunos caramelos masticables, así que agarré tres de ellos y destruí las pruebas. Al día siguiente, llegué del trabajo, abrí la puerta y descubrí que él estaba esperándome. Entonces declaró: "Papá, debemos hablar". Mi hijo me hizo sentar y me preguntó: "¿Hay algo que te gustaría confesarme?". Ahora me sentía un poco nervioso y me pregunté si mi esposa me había traicionado.[2] Entonces el chico sacó una hoja de papel con números y símbolos que no pude decodificar, me miró a los ojos y me hizo saber que él sabía que me había comido tres caramelos masticables.

Nunca pensé que me atraparían, pero resulta que mi hijo llevaba un registro de sus caramelos. Pude haberlo negado, pero la prueba era fuerte, y este no era mi primer agravio. En vez de pedirle disculpas, aproveché la oportunidad para señalarle al chico algunos detalles que él pudo haber pasado por alto. Por ejemplo, que yo hice posible su existencia.

Evidentemente, algunos caramelos no son gran cosa, pero he aquí lo que descubrí en cuanto a mí en ese momento: cuando soy culpable de algo, aunque no sea una gran cosa, tengo la tendencia de ponerme a la defensiva. No me gusta admitir la culpa. Irracionalmente, me defiendo y me justifico, y casi siempre minimizo la seriedad de lo que he hecho.

Si es así como reacciono al ser acusado de robar tres caramelos masticables, lo más probable es que no vaya a reaccionar con mucha sinceridad o humildad cuando se trate de pecado en mi vida. Todo en mí quiere negar, comparar, minimizar y justificar. Pero mientras enfoque mi pecado con esa clase de espíritu, no podré experimentar el poder y la grandeza de la gracia de Dios.

---

2. Es probable que le hubiera pagado con algunos confites de menta.

La horrible verdad

Nuestra capacidad de apreciar la gracia está en correlación directa al grado en que reconozcamos que la necesitamos. Mientras más reconozco la fealdad de mi pecado, más puedo apreciar la belleza de la gracia de Dios. La Biblia sostiene un espejo y nos confronta con la realidad de nuestro pecado.

Todos pecaron, y están destituidos de la gloria de Dios (Ro. 3:23).

¿A quién incluye "todos"? Pues nos incluye a ti y a mí. Todos hemos pecado. Estoy seguro de que has oído eso antes. Dudo que sea información nueva. Mi pregunta es: ¿cómo respondes a esa información? Por mucho tiempo, cuando leía versículos como ese, pensaba: *Bueno, sí. Es decir, técnicamente he pecado. Pero no he cometido* pecado.

> *Mientras más reconozco la fealdad de mi pecado, más puedo apreciar la belleza de la gracia de Dios.*

He aquí la forma en que, por lo general, esto significa para mí: "No soy *tan* malo".

Mi esposa y yo estábamos cenando en un restaurante cuando una mujer, tal vez de poco menos de sesenta años, se acercó y se presentó. Comenzó a contar su historia de cómo recientemente se había convertido en cristiana. Excepto que no dijo "cristiana", sino "seguidora de Jesús". Luego señaló a su esposo sentado en una mesa del restaurante. Creo que ella consideró que debía decir por qué él no se acercaba a saludar. Nos explicó que su marido no estaba enojado por la decisión que ella había tomado, pero que parecía molesto por ello y no

lo entendía. Sonreí y saludé con la mano al hombre, quien me
devolvió el saludo, pero no sonrió. Su saludo fue como el que
le das a otro conductor en una parada de cuatro vías cuando
le dices que siga adelante, aunque crees que tienes derecho
a pasar. Esa clase de saludo. Fui y me presenté, y charlamos
durante un minuto o dos.

Al día siguiente, les escribí un correo electrónico a ambos
diciéndoles que había sido bueno conocerlos y que me hicieran
saber si tenían alguna pregunta con la que yo pudiera ayudarles.
No recibí ninguna respuesta en un par de meses. Entonces, un
día, estaba sentado en mi escritorio cuando recibí un correo
electrónico del esposo. Me contaba de los cambios que había
visto en su esposa. Ella era más amable y más paciente, y parecía
más alegre. Pero en lugar de estar emocionado por estos cambios,
el hombre parecía escéptico. Una línea de su correo electrónico
decía: "Ella parece mucho más feliz ahora, pero creo que solo
está tratando de hacerme beber el veneno".

Yo sabía que este no era un correo retórico. El hombre estaba
sensibilizándose, pero no quería aceptarlo. Le contesté y le pregunté si podía asistir con su esposa a la iglesia y hablar conmigo
durante algunos minutos después de la reunión.

Nos sentamos en una salita, y empecé a hablarle de las buenas nuevas del evangelio. Comencé con Romanos 3:23 y resalté
que cada uno ha pecado y ha incumplido la norma de Dios. Al
instante, el hombre se puso a la defensiva.

—Yo no soy tan malo —declaró—. La mayoría de las personas me considerarían buena gente.

Él creyó injusto que lo llamara pecador y que fuera a ser
juzgado por la "norma de Dios".

—¿Qué tan justo es poner una norma que nadie puede cumplir para luego decir que todo el mundo es pecador? —continuó—. Es como colocar un blanco fuera del alcance y después
culpar al tirador por no poder alcanzarlo.

Empecé a tratar de ofrecer una explicación teológica de por qué fuimos pecadores. Iba a comenzar con Adán y Eva en el huerto del Edén y luego a hablar de cómo el pecado entró al mundo. Creí que él se había impresionado con algunos de los términos que yo estaba usando para explicar la manera en que nos hemos rebelado contra Dios. Pero antes que yo tuviera una oportunidad de hablar acerca de la imputación o el pecado ancestral, su esposa me interrumpió y preguntó si podía decir algo.

Sin esperar mi permiso, ella se volvió hacia su esposo.

—¿Crees que está bien emborracharte y gritarle a tu esposa? ¿Crees que está bien mentir respecto a tus cifras de ventas? ¿Crees que está bien prometerle a tu nieto ir a su partido y luego no aparecer?

La mujer hizo tres o cuatro preguntas personales más que eran claramente acusatorias. Las respuestas del hombre a estas preguntas eran evidentes.

—Dices que no es justo acatar la norma de Dios, pero ni siquiera cumples tus propias normas —concluyó ella.

Yo nunca lo había visto de este modo. Podemos ponernos a la defensiva cuando un predicador nos llama pecadores, pero nos olvidamos de las normas de Dios y ni siquiera podemos cumplir nuestras propias normas.

Nos esforzamos mucho por convencernos y convencer a otros de que no somos tan malos, pero la verdad es que somos peores de lo que alguna vez imaginamos. Mientras más resistamos esta verdad, más nos resistiremos a experimentar la gracia de Dios. Si pasamos por alto la realidad y la profundidad de nuestro pecado, más nos alejamos de la gracia de Dios.

Mientras creamos que "no somos tan malos", la gracia nunca parecerá tan buena.

Mientras creamos que "no somos tan malos", la gracia nunca

parecerá tan buena. Por lo general, de dos maneras distintas llegamos a la conclusión de que no somos tan malos.

1. Nos comparamos con otros.

No es que pretendamos ser perfectos, pero al compararnos con otros, lo que hemos hecho mal no parece tan importante. Y por supuesto, cuando nos juzgamos, por lo general nos damos una gran oportunidad. En comparación con lo que mucha gente hace, nuestros pecados equivalen a poco más que cruzar imprudentemente la calle o a una holgazanería.

Desestimamos nuestro pecado y nuestra necesidad de gracia comparándonos con otros; sin embargo, ¿sabes lo que estás haciendo cuando te comparas con otras personas y te sientes superior a ellas? Así es, estás pecando. Y es probable que desde el trono de Dios, tu orgullo y tu arrogancia moral sean más horribles que los pecados de la persona con quien te comparas.

2. Sopesamos lo malo contra lo bueno.

El año pasado, leí una entrevista del *New York Times* a Michael Bloomberg, exalcalde de Nueva York. En ese momento, Bloomberg tenía setenta y dos años de edad, y lo estaban entrevistando justo antes de su quincuagésima reunión universitaria. El hombre habló de lo preocupante que era darse cuenta de cuántos de sus compañeros habían fallecido. Pero el periodista Jeremy Peters observó que Bloomberg no parecía muy preocupado por lo que le esperaba al otro lado. Peters escribió:

> Pero si [Bloomberg] siente que tal vez no tenga tanto tiempo como le gustaría, tiene pocas dudas en cuanto a lo que le espera en el Día del Juicio. Al realzar el trabajo que hizo sobre seguridad con las armas, obesidad y abandono del hábito de fumar, declaró con una sonrisa: "Estoy diciéndote que si hay

un Dios, cuando yo llegue al cielo no voy a detenerme para ser entrevistado. Entraré de frente. Me he ganado mi lugar en el cielo. Sin embargo, no está cerca".[3]

Desde la perspectiva de este hombre, ni se necesita ni se desea gracia. Él pone lo bueno que ha hecho en un plato de la balanza y decreta que no va a necesitar ninguna ayuda.

Todos podemos encontrar formas de llegar a la conclusión de que *no somos tan malos*, pero al hacerlo dejamos de lado el gran regalo de la gracia de Dios. A menos que reconozcamos nuestra necesidad de gracia, no nos importará recibirla.

Nuestra reacción es cubrir nuestro pecado o, al menos, minimizarlo. Pero al cubrir nuestro pecado, estamos ocultando la gracia. Al minimizar el pecado, estamos disminuyendo el gozo que el perdón produce. Jesús no trató de hacer sentir a las personas mejor consigo mismas reduciéndoles la seriedad del pecado ni asegurándoles falsamente que no eran tan malas. Les explicó que a quien se le perdona mucho, ama mucho (véase Lc. 7:47). El Señor equiparó nuestro amor por Dios con el grado de perdón que hemos recibido.

El peor pecador que conozco

El otro día, leí en Twitter una cita de un pastor llamado Jean Larroux. En mi interior, protesté tan pronto como la leí, pero lo irónico es que tal vez lo único que hizo mi protesta fue demostrar la validez de lo que él decía. He aquí la cita: "Si el peor pecador que conoces no eres tú, entonces no te conoces muy bien".

Mi respuesta inmediata e instintiva a esa cita fue: *Bueno,*

---

3. Jeremy W. Peters, "Bloomberg Plans a $50 Million Challenge to the N.R.A.", *New York Times*, 15 de abril de 2014, http://www.nytimes.com/2014/04/16/us /bloomberg-plans-a-50-million-challenge-to-the-nra.html.

mira, soy pecador. En realidad, soy un gran pecador. Pero no soy el peor pecador que conozco. Sin embargo, mientras más pienso en esa cita, y mientras más sincero soy conmigo mismo y con mis motivos, más dificultad tengo en negarla.

Había algo en esa cita que me resultaba familiar. No pude identificarlo hasta que volví a leer el conocido pasaje de la Biblia donde Pablo se identifica ante Timoteo como el peor de los pecadores:

> La siguiente declaración es digna de confianza, y todos deberían aceptarla: «Cristo Jesús vino al mundo para salvar a los pecadores», de los cuales yo soy el peor de todos (1 Ti. 1:15, NTV).

Recordé que escribí un artículo acerca de este pasaje cuando estaba en el seminario. Mi artículo se enfocó en el pasado de Pablo antes de convertirse en cristiano. Planteé el caso de que Pablo se describe como el peor de los pecadores, porque había sido perseguidor de los cristianos y porque hizo todo lo posible por destruir la Iglesia y la causa de Cristo. Cuando mi profesor me devolvió el artículo, no había calificación en la parte superior de la página. En lugar de eso, en tinta roja había escrito: "Reescríbelo".

Yo no estaba seguro de cuál era el problema. Él no había puesto notas al margen a fin de ayudarme a entender por qué debía empezar de nuevo todo el artículo. Después de clase, fui a su escritorio con la esperanza de obtener alguna respuesta. El profesor sacó entonces su bolígrafo rojo e hizo un círculo en una palabra de 1 Timoteo 1:15.

> La siguiente declaración es digna de confianza, y todos deberían aceptarla: «Cristo Jesús vino al mundo para salvar a los pecadores», de los cuales yo **soy** el peor de todos.

Esperé un momento, con la esperanza de recibir una explicación, pero el profesor ya había continuado con el alumno siguiente. Me quedé allí mirando esa palabra *soy*. De repente, me di cuenta de lo que yo había pasado por alto. La conjugación verbal *soy* está en tiempo presente. Y eso cambió todo. Pablo no dijo: "yo *fui* el peor de todos", sino "yo *soy* el peor de todos" los pecadores.

Si me conectaras a un detector de mentiras y me preguntaras: "¿Crees que eres el peor pecador?", es probable que diga sí, porque soy tan pecador que trataré de parecer más espiritual mostrándome tan humilde como fuera posible.[4] Pero estoy muy seguro de que el polígrafo revelaría la verdad. Si soy sincero, en el fondo, y tal vez ni siquiera tan profundo, no me considero el peor de los pecadores. Pero puedo decirte que mientras más aprendo acerca de la justicia de Dios, y más examino mi propia vida y mis motivaciones, más cerca estoy de llegar a la ineludible conclusión de que soy el peor pecador que conozco.

La enfermedad del pecado

Romanos 3:23 afirma que todos hemos pecado. Romanos 6:23 enseña que el castigo por nuestro pecado es la muerte. Podemos minimizar lo que hemos hecho, pero la Biblia declara que hemos sido declarados culpables y sentenciados a muerte.

Mientras escribo este capítulo, me han puesto en cuarentena en el cuarto de huéspedes. Supuestamente, he estado enfermo en los últimos días, y se supone que debo descansar y mejorar. En la mesita de noche a mi lado, hay algunas medicinas que mi esposa me trajo hace unas horas. Pero ella sabe que no voy

---

4. No juzgues; tú eres quien va por ahí conectando a los demás a un detector de mentiras.

a tomarlas. Mira, a pesar de las pruebas de lo contrario, no estoy convencido de que realmente esté enfermo. Mi esposa te diría que tengo problemas para admitir cuándo no me siento bien. Mientras sea posible, me negaré a reconocer que estoy enfermo... Espera un segundo, ella viene a ver cómo estoy. Muy bien, estoy de vuelta.

He aquí lo que acaba de suceder. Mi esposa entró y me dijo que tomara la medicina que ella había traído antes.

—¿Por qué debo tomar medicinas si no estoy enfermo? —le pregunté.

Mi esposa se acercó y puso la mano en mi frente.

—Te noto la frente un poco caliente —advirtió—. Creo que tienes fiebre.

Me palpé la frente y le aseguré que estaba bien. Mi esposa sugirió que le dejara medirme la temperatura. Así que bromeé acerca de que esto no sería exacto, porque cuando ella entra al cuarto, mi temperatura sube varios grados. Mi esposa volteó los ojos.

—Bueno, solo recuerda que no voy a besarte hasta que te mejores —advirtió antes de salir del cuarto.

Tomé la medicina.

Me niego a reconocer que estoy enfermo, porque si estoy enfermo, significa que debo hacer algunas cosas de modo distinto. Si ante mí admito que estoy enfermo, tengo que tomar medicina y reposar en cama, y no me gusta tomar medicinas ni quedarme en cama. Así que mi estrategia es negar la realidad de mi condición mientras sea posible. Pero resulta que fingir que no estoy enfermo no es una manera muy eficaz de mejorarme. Mientras más pronto admita mi enfermedad, más pronto tomaré medicina y empezaré a sentirme mejor. Cuanto más pronto empiece a sentirme mejor, más pronto estaré besando a mi esposa. Pero mientras más me niegue a reconocer mi enfermedad y más tiempo me niegue a tomar la medicina, más tarde en sentirme mejor.

Hace más o menos mil seiscientos años, Agustín escribió en sus *Confesiones*: "Mi pecado era aún más incurable porque no me consideraba pecador".[5] A menos que enfrentemos cara a cara nuestro diagnóstico terminal, rechazaremos la cura. La Biblia nos da nuestro diagnóstico: todos tenemos una enfermedad llamada *pecado*. Este es un virus que ha infectado al mundo entero. Romanos 5:12 lo explica de este modo:

Cuando Adán pecó, el pecado entró en el mundo. El pecado de Adán introdujo la muerte, de modo que la muerte se extendió a todos, porque todos pecaron (NTV).

A todos se nos ha diagnosticado pecado, y nuestra condición es terminal: *la paga del pecado es muerte*. Pero luego Pablo nos presenta un antídoto llamado *gracia*.

El pecado de un solo hombre, Adán, trajo muerte a muchos; pero aún más grande es la gracia maravillosa de Dios y el regalo de su perdón para muchos por medio de otro hombre, Jesucristo; y el resultado del regalo del favor inmerecido de Dios es muy diferente de la consecuencia del pecado de ese primer hombre. Pues el pecado de Adán llevó a la condenación, pero el regalo de Dios nos lleva a ser declarados justos a los ojos de Dios… Pues el pecado de un solo hombre, Adán, hizo que la muerte reinara sobre muchos; pero aún más grande es la gracia maravillosa de Dios y el regalo de su justicia, porque todos los que lo reciben vivirán en victoria sobre el pecado y la muerte por medio de un solo hombre, Jesucristo. Así es, un solo pecado de Adán trae condenación para todos, pero un solo acto de justicia de Cristo trae una relación correcta con Dios y vida nueva para todos (vv. 15-18, NTV).

Pablo establece una ecuación. En uno de sus lados está tu pecado, y tu pecado es peor de lo que crees. Puedes minimizarlo,

---

5. San Agustín, *Confessions*, vol. 5 (UK: Penguin, 2003), p. 103.

La gracia siempre es mayor, sin importar lo que pase. justificarlo y tratar de desestimarlo, pero estás en fase terminal. En el otro lado de la ecuación, está la gracia de Dios. Cuando Jesús murió en la cruz, su sangre no estaba infectada por el pecado, de ahí que se convirtiera en el antídoto. Después de poner tu pecado en un lado y la gracia de Dios en el otro, Pablo resuelve la ecuación.

Aún más grande es la gracia maravillosa de Dios (v. 15, NTV).

Puedo decirte con confianza que no has hecho nada tan horrible que la gracia no pueda cubrir. La gracia siempre es mayor, sin importar lo que pase.

Reflexión

Un fin de semana en la iglesia, entregué a cada uno un pedazo de papel con esta ecuación:

Gracia > _____

Y pedí que llenaran el espacio con los peores pecados que tuvieran.

Me gustaría pedirte que hagas la prueba. La única manera de experimentar la gracia es que personalices tu necesidad de ella. Toma un momento y llena el espacio de la ecuación que aparece debajo, y después de llenarlo, resuelve la ecuación haciendo un círculo en el signo "mayor que" o "menos que".

Gracia >/< _____

La explicación de Pablo en Romanos 5 acerca de la grandeza de la gracia de Dios es realmente útil. Pero una explicación de la gracia sin experimentarla es como tener una enfermedad terminal, que un médico te dé una medicina que te salvará la vida y que te niegues a tomarla.

La grandeza de la gracia de Dios significa que no tengo que seguir tratando de convencerme de que "no soy tan malo".

Lo cierto es que soy peor de lo que alguna vez quise admitir, pero la gracia de Dios es más grande de lo que jamás pude haber imaginado.

Más hermosa que tu quebrantamiento

En 2009 recibí en Facebook el siguiente mensaje de un hombre llamado Wes, que tenía unos cuarenta años:

No sé si tengas alguna buena "historia de Facebook", pero creo que podrías tenerla después que leas esto. No estoy exactamente seguro de la razón, pero me siento obligado por Dios a contarte esta historia. Es un poco difícil de explicar... así que ten paciencia conmigo.

Toda mi vida he sabido que fui adoptado. Me crie en un hogar cristiano de dos personas fabulosas que no pudieron tener hijos propios. Ahora estoy felizmente casado y tengo mis propios hijos, a quienes amo mucho.

Nunca tuve el deseo de buscar a mis padres biológicos hasta hace unos pocos años. Estaba en un retiro cristiano, y uno de los oradores era un hombre mayor que confesó haber embarazado a su novia y luego secretamente dar el niño en adopción. Explicó que había vivido con una culpa constante que, con el tiempo, le hizo desarrollar un corazón duro y amargura hacia Dios. Un día, su hija se puso en contacto con él y le aseguró que lo había perdonado y que Dios también lo había hecho. Esto cambió la vida del hombre, y habló de la libertad y la sanidad que había experimentado.

Esa historia me hizo pensar en mi propia situación. Me pregunté si ayudaría a mis padres biológicos saber que yo estaba bien. Averigüé el nombre de mi padre biológico y me puse en contacto con él. Me di cuenta de que yo tenía razón respecto a la culpa y el dolor que podían perseguir a una persona después de tomar tan difícil decisión. Él nunca habló con nadie acerca de mi nacimiento. Me pareció que tal vez lo mejor sería no interferir con su vida ni complicarle la situación.

Pero entonces sucedió algo… Una noche estaba acostado con mi esposa y apareció uno de tus programas. Me hallaba medio dormido, pero ella estaba observando. De pronto, me sobresalté cuando mi esposa exclamó: "¡Oh, Dios mío! ¡Ese es tu primo!". Ella se refería a ti, ya que sabía mucho más acerca de mi familia biológica que yo, porque mi esposa fue quien hizo toda la investigación. No le creí, pero después de investigar un poco en Google, me di cuenta de que ella tenía razón.

Espero que no estés demasiado sorprendido, pero tu tío David Idleman es mi padre biológico. Decidí contactarte primero porque pensé que como pastor estabas acostumbrado a brindar consejo en situaciones difíciles. Sé que también tengo una hermana, pero no sé si ella sabe acerca de mí. No quiero remover la olla familiar y crear así problemas o situaciones difíciles, pero como dije, sentí que Dios me obligó a acudir a ti.

Cuando leí ese mensaje de Facebook, al instante muchas cosas tuvieron sentido para mí. Me crie muy cerca de mi tío

Dave. Él me enseñó esquí acuático eslalon cuando yo era niño y me dio algunas lecciones de karate cuando estaba en secundaria. Pero a medida que yo crecía, pude darme cuenta de que mi tío llevaba un gran peso adondequiera que iba. Mantener un secreto como ese durante tantos años agota a un hombre. A menudo sus ojos me parecían cansados, como si siempre estuviera saliendo de un largo día de trabajo.

De alguna manera, mi tío Dave perdió la gracia cuando su novia quedó embarazada. Él no debió haber perdido la gracia, pues se crio en un ambiente de iglesia, y el padre de su novia era pastor. Tal vez no perdió la gracia, pero en algún modo esta no se transmitió. Cargar la culpa y la vergüenza de un secreto durante décadas cobra una cuota en el corazón de un hombre.

Cuando el secreto respecto al hijo de mi tío Dave salió a la luz, fue abrumador para él. Durante décadas había vivido con este peso y con el temor de que se descubriera el asunto. ¿Qué diría mi padre, su hermano mayor? ¿Cómo reaccionarían sus padres, mis abuelos? ¿Se sentirían engañados al saber de su nieto? ¿Y qué de su hija, mi prima? Ella se había criado como hija única y siempre había deseado tener un hermano. Pero mi tío nunca se lo dijo. Nunca se lo dijo a nadie.

¿Y qué de Wes? Mi tío Dave debió de creer que su hijo estaría furioso con él al haberse sentido abandonado y rechazado toda su vida. Pero ahora no había nada oculto.

A veces nuestro pecado permanece oculto porque estamos en negación o porque nuestro orgullo nos ha cegado al pecado. Pero muchas veces tratamos de mantener un secreto porque, simplemente, no podemos lidiar con lo que hemos hecho. Así que hacemos todo lo posible por no pensar en los errores o los pecados que hemos cometido, e intentamos alejarnos de Dios. ¿Cómo podría Él perdonarnos cuando ni siquiera podemos perdonarnos nosotros mismos?

Antes que Adán y Eva pecaran en el huerto del Edén, la

Biblia dice que vivían *desnudos y sin vergüenza*. Pero cuando el pecado entró en escena, se avergonzaron e hicieron todo lo posible por esconderse de Dios.

A veces, cuando nuestro secreto queda expuesto y ya no podemos ocultarlo, *nos* escondemos. Hasta donde podemos, hacemos todo lo posible por evitar a las personas que conocemos. La vergüenza se vuelve nuestra compañía constante que susurra de manera implacable: *No eres digno de perdón. No mereces una segunda oportunidad.*

> *Puedes huir y esconderte, pero la gracia es implacable. La gracia te perseguirá.*

Pero he aquí una asombrosa característica de la gracia: *la gracia te persigue.* Puedes huir y esconderte, pero la gracia es implacable. La gracia te perseguirá. Eso es lo que está sucediéndote ahora, y ni siquiera lo sabes. Con cada palabra que leas, la gracia está ganando terreno.

Como pastor, me encanta presenciar el momento en que la gracia finalmente alcanza el problema de alguien. La frase que uso para describir ese instante es "hermosa colisión". Esas dos palabras parecen no ir juntas. *Colisión* trae a la mente palabras como *destrozo, quebranto* y *añicos*, expresiones que por regla general no calzan con hermosura. Pero los Evangelios están llenos de hermosas colisiones. Cuando una vida destrozada, quebrantada y hecha añicos colisiona con Jesús, es algo hermoso.

Curso intensivo con gracia

En Juan 4 nos encontramos en una intersección donde pronto se llevará a cabo una hermosa colisión. Jesús estaba de paso en su camino a otra ciudad. El apóstol nos dice en Juan 4:4 que Jesús "tenía que pasar por Samaria" (NTV). Esa parece una manera extraña de decirlo. En aquel entonces, los judíos se salían de su camino para no atravesar Samaria. Por lo general, la rodeaban y trataban de alejarse de todos los samaritanos. Había mucho prejuicio y odio entre judíos y samaritanos. Se esforzaban por no tener nada que ver unos con otros, hasta el punto de que si un judío del primer siglo leía eso, pensaría que Juan estaba resaltando el asunto de que Jesús *tenía que* atravesar Samaria porque no tenía alternativa. Tal vez algún camino estaba cerrado o el tráfico estaba detenido por tantas personas que debían rodear Samaria, que Jesús *tuvo que* pasar por allí.

La frase *tenía que pasar* es importante. Deja en claro que fue contra su voluntad. No tuvo alternativa. Fue obligado a hacerlo. Es así como un lector judío de la época habría oído esto, pero cuando tú y yo leemos la historia, parece claro que Jesús no fue *obligado* a ir a Samaria, como si pudieran obligarlo a hacer algo.

En cambio, parece que Jesús se salió de su camino para ir a Samaria. "Tenía que pasar" parece utilizarse más en el sentido de que tenía una cita que debía cumplir. Fue como si hubiera mirado el calendario establecido antes de la creación del mundo y hubiera visto que se suponía que debía estar en un lugar específico en un momento específico para conocer a una persona específica. Allí iba a haber una hermosa colisión, y Dios había puesto un círculo en esa fecha de su calendario. La gracia persiguió a esta mujer y la alcanzó en un pozo fuera de la ciudad.

Jesús *tenía que* ir a Samaria. Como al mediodía, la hora más calurosa, llegó al pozo para descansar mientras sus discípulos iban al pueblo a conseguir algo de comer. Esa era una hora y un lugar extraño para encontrarse con alguien. La gente iba al pozo por la mañana o por la tarde, no al mediodía cuando el sol era ardiente. Pero entonces, Jesús vio a la persona que estaba esperando. Una mujer llegó al pozo a sacar agua. Este era un momento poco común para tal oficio, pero también era raro que ella estuviera sola. En aquellos días, las mujeres iban juntas al pozo, de igual manera que hoy día es raro que las mujeres vayan solas a un baño público.

Lo que pronto descubrimos es que esta mujer tenía un pasado tempestuoso y una reputación mala. Es difícil saber si la razón de que estuviera sola se debía a que evitaba la gente o a que la gente la evitaba. Ambas cosas son probables. Tal vez estaba cansada de las miradas de juicio y los susurros detrás de ella. Así que lo único que la acompañaba era su vergüenza y el rechazo.

Cuando la mujer llegó, Jesús le pidió de beber, y ella no estuvo segura de cómo responder. Le sorprendió que un judío le hablara, siendo samaritana, por eso le reclamó.

¿Cómo tú, siendo judío, me pides a mí de beber, que soy mujer samaritana?... Respondió Jesús y le dijo: Si conocieras el don de Dios, y quién es el que te dice: Dame de beber; tú le pedirías, y él te daría agua viva (vv. 9-10).

Ahora esta mujer quedó muy confundida. Como pensaba en términos de agua física para su sed física, señaló que Jesús no tenía ni siquiera un balde con qué sacar agua. Pero Jesús le explicó que Él era el agua viva, y que si ella bebía esa agua, nunca volvería a tener sed.

La samaritana todavía no analizaba la metáfora. Lo que Jesús le decía no tenía sentido para ella, por eso Él decidió ser un poco más directo, diciéndole:

Ve, llama a tu marido, y ven acá. Respondió la mujer y dijo: No tengo marido. Jesús le dijo: Bien has dicho: No tengo marido; porque cinco maridos has tenido, y el que ahora tienes no es tu marido; esto has dicho con verdad (vv. 16-18).

Bueno, eso es incómodo. Creo que en este momento, la mujer podría haber estado preparada para volver a hablar en metáforas.

Jesús no se apartó de la verdad. Describió la realidad de lo que ella había hecho y del lío en que su vida se había convertido. El pozo de relaciones que ella evitaba no estaba saciándole la sed, y Jesús no fingía educadamente que todo estaba bien cuando sabía que no era así. Si ella iba a recibir su gracia, debía dejar de ocultar el pecado que la asediaba.

Esto es difícil, y sé que deseamos hallar otra salida, pero he aquí la verdad: antes de colisionar con la gracia de Dios, debemos colisionar con la verdad de nuestro propio pecado. Me pregunto qué verdad difícil nos diría Jesús a ti y a mí. Tal vez diría:

Tu mal genio pone los nervios de punta a quienes te rodean, y el rencor hacia ti aumenta en tu familia.

Tu modo de beber se ha descontrolado y está afectando a muchas personas además de ti.

Tu problema con la pornografía está matando cualquier oportunidad de intimidad en tu matrimonio.

Tu coquetería te lleva por una senda que devastará a tu familia.

Estás permitiendo que tu corazón se enamore de alguien que te aleja de mí.

Prefieres el novio con quien vives a tu relación conmigo. Tendrá que ser lo uno o lo otro.

Te endeudas cada vez más para sentirte mejor en cuanto a ti mismo, pero el agua de ese pozo no va a satisfacerte.

Tu espíritu arrogante y legalista hace que las personas en tu trabajo permanezcan alejadas de mí.

Tu actitud de juicio y tu tono áspero están costándote una relación con tus nietos.

Jesús expresa algunas verdades difíciles. Esta es la parte de la colisión con la gracia que hacemos todo lo posible por evitar. Y como cualquiera de nosotros haría, la mujer en el pozo trató de que la conversación no tocara más su pecado y su vergüenza.

Le dijo la mujer: Señor, me parece que tú eres profeta. Nuestros padres adoraron en este monte, y vosotros decís que en Jerusalén es el lugar donde se debe adorar (vv. 19-20).

Falsas suposiciones

Hagamos una *pausa* en nuestra historia y hablemos de algunas falsas suposiciones que esta mujer hizo respecto a Jesús. Estas son las mismas suposiciones que pueden hacernos perder la gracia de Dios en nuestras propias vidas.

Suposición #1: Jesús no quiere nada conmigo.

Si tu suposición acerca de Jesús es que no tiene ningún interés en ti, hay una gran posibilidad de que nunca hayas tenido mucho interés en Él. Dicho de otro modo, no es que no quieras la gracia, ¿quién no la querría?, sino que estás convencido de que la gracia no te quiere.

Sentirnos rechazados puede ser uno de los peores sentimientos que podamos tener. Cuando alguien experimenta rechazo desde el principio y con frecuencia, rápidamente aprende a construir muros para impedir que la gente se acerque. Dada la historia de los maridos de esta mujer, es probable que ella evitara cuidadosamente ponerse en una posición de vulnerabilidad. Después de todo, no corres el riesgo de rechazo si nunca le das a alguien la oportunidad de herirte.

Pero Jesús se salió de su camino para estar con esta mujer. La gracia la persiguió, porque eso es lo que la gracia hace.

Después de predicar en una de nuestras reuniones el sábado por la noche, me hallaba de pie en el frente mientras adorábamos. Un hombre se me acercó para hablar conmigo. Vi que él tenía lágrimas en los ojos y que todavía estaba emocionado. Me dijo su nombre, y le pregunté cómo podía orar por él.

—Mi esposa me abandonó —respondió llorando—. La culpa es mía. He hecho algunas cosas realmente estúpidas. No la he tratado como se merece. Ella trató de decírmelo, pero yo simplemente no la escuché. ¿Orarías para que tanto Dios como mi esposa me perdonen? Sé que estoy dispuesto a hacer algunos cambios, pero no estoy seguro de que Dios me quiera aquí después del desastre que he causado.

Este hombre suponía que sus errores eran más grandes que la gracia de Dios, y que Jesús no querría nada con él. Oré por su situación y le pedí a Dios que interviniera en su matrimonio. Oré para que el Señor volviera a unirlos. Le pedí a Dios que luchara por este hombre y por su matrimonio. Pero más que nada, oré por la relación de él con Jesús, que supiera que no fue un accidente que estuviera en la iglesia y que Dios no lo rechazaba, sino que estaba listo para ayudarlo.

Después de orar, le pregunté si esta era la iglesia donde asistía. Explicó, o más bien confesó, que no había ido a la iglesia desde que era niño.

—Ah, ¿y asiste aquí tu esposa? —pregunté.

Explicó que ella tampoco asistía a la iglesia. Entonces le pregunté qué lo había hecho venir.

—No sé —contestó—. Pasaba por aquí y simplemente sentí que *tenía que entrar*.

Creo que entendí lo que él quiso decir. Lo puse en contacto con alguien que le presentó el evangelio, oró con él y le pidió alguna información para que pudiéramos seguir en contacto.

El domingo por la mañana, al día siguiente, al terminar mi mensaje, me quedé parado en el frente mientras la reunión concluía. Dos damas se acercaron a hablar conmigo. Resulta que eran hermanas. Una de ellas consolaba a la otra, quien era evidente que pasaba por una situación difícil.

—No he estado en la iglesia durante mucho tiempo —explicó ella antes que yo tuviera la oportunidad de preguntarle su nombre y por qué se me había acercado—. Espero que esté bien que yo esté aquí. Anoche me sentí muy molesta, y mi hermana dijo que yo debía venir esta mañana.

Luego me pidió que orara por su esposo, porque acababan de separarse. Me pidió que orara para que Dios suavizara el corazón de él, porque creía que ella ya no le importaba a su marido. En este momento, el corazón me latía con fuerza.

—No tuve la oportunidad de preguntarte tu nombre —le dije—. ¿Puedes decirme cómo te llamas?

¿Has sentido alguna vez que Dios te hace un guiño?

Emocionado le dije que su esposo se había presentado llorando la noche anterior. Que se había arrepentido y le había pedido ayuda a Dios. Me di cuenta de que esto era algo difícil de creer para esta mujer. Esta fue una hermosa colisión, y por todas partes se sentía gracia.

Ambos estaban suponiendo que Dios había renunciado a ellos y que era demasiado tarde. Suponían que su matrimonio estaba demasiado desordenado, y que Dios no quería saber nada al respecto. Pero el Señor dejó en claro que estaba listo para encontrarse con ellos allí mismo donde estaban.

Suposición #2: Jesús está más interesado en la religión que en mí.

¿Notaste lo que hizo la mujer en el pozo en medio de la conversación? Trató de distraer a Jesús hablando de religión. Trató de evitar esta colisión involucrándolo en un argumento religioso que podría debatirse eternamente. A menudo en estos días, se hace caso omiso a la gracia porque la Iglesia se ve atrapada en argumentos religiosos y diferencias interpretativas.

Me sorprende lo fácil que es para nosotros distraernos con argumentos religiosos y hasta pseudorreligiosos. Creo que somos especialmente propensos a esto cuando lo que estamos estudiando se vuelve un poco incómodo. Al igual que la mujer en el pozo, tendemos a volvernos religiosos cuando Jesús empieza a hacerse muy personal. Como predicador me encuentro tan a menudo con esto que he desarrollado un poco de teoría al respecto. Mientras más personas se obsesionan por asuntos que claramente caen en el ámbito de la interpretación o la opinión teológica, más probable es que estén tratando de impedir que Jesús se vuelva demasiado personal en algunos aspectos de sus vidas.[1]

Esto solía distraerme mucho. Alguien me enviaba furioso un correo electrónico por algún detalle interpretativo que creía que pasé por alto, y yo le disparaba otro correo defendiendo mi interpretación, y así continuábamos. Ahora ya casi no hago esto. No digo que nunca lo haga. Si quieres intentarlo, puedes hacerlo, pero ahora casi nunca participo en eso. He aprendido que cuando alguien está especialmente decidido a hablar acerca de religión, a menudo se debe a que desesperadamente está tratando de impedir que Jesús se vuelva demasiado personal.

La mujer samaritana supuso falsamente que Jesús estaba más interesado en la religión que en ella, así que intentó atraerlo a un debate religioso.[2]

Suposición #3: Jesús hace una oferta que parece demasiado buena para ser cierta.

Esta mujer no creía en agua que calmara la sed para siempre. Considera una vez más el pasado de ella. Ha tenido todo tipo de hombres, que le hicieron todo tipo de promesas, por lo que era escéptica. Era cínica. No confiaba en un hombre que parecía prometer más de lo que tal vez podría cumplir.

---

1. Cuanto menos te gusta esta teoría, más la refuerzas. Es solo mi opinión.
2. Advertencia: involucrar al Hijo de Dios en un debate teológico no es una estrategia eficaz.

La mujer hizo una cantidad de falsas suposiciones acerca de Jesús y del regalo que ofrecía. Esas suposiciones le impidieron acercarse demasiado. Cada suposición era como un ladrillo en el muro que la separaba de la gracia. Y cuando la conversación continuó, ella estaba lista para irse, así que intentó terminarla.

Le dijo la mujer: Sé que ha de venir el Mesías, llamado el Cristo; cuando él venga nos declarará todas las cosas (v. 25).

No pases por alto la ironía. Ella le dijo a Jesús: *Sé que cuando Jesús venga nos aclarará todo*. Y no lo puedo afirmar, pero estoy bastante seguro de que Jesús no pudo dejar de lanzar una leve sonrisa cuando le contestó:

Yo soy, el que habla contigo (v. 26).

Esta es la única vez en toda su vida que Jesús le dijo a alguien de manera voluntaria y sincera que Él era el Mesías, el Hijo de Dios. Y lo hizo ante esta mujer samaritana con mala reputación, que estuvo casada cinco veces, y que ahora vivía con algún otro individuo. ¿Qué más se puede pedir de la gracia?

Perseguido por la gracia

Cuando la verdad respecto a tu vida es difícil de enfrentar, cuando todo lo has estropeado tanto que ni siquiera sabes dónde comenzar a limpiar, cuando no puedes perdonarte y la culpa y la vergüenza son tus compañías constantes, es difícil imaginar que la gracia es para ti. Créeme, lo entiendo.

Tal vez pienses que lo peor que puede ocurrirte es que tus pecados sean descubiertos y tus secretos sean expuestos. Temes que alguien saque a relucir algo que hiciste hace mucho tiempo. Quieres que nadie lo sepa, y como Dios ya lo sabe, haces todo lo posible por evitarlo. Crees que lo peor que podría suceder es que se averigüe todo y te veas obligado a confrontar la verdad. Pero eso no es lo peor. Lo peor que puede suceder es que vivas sin que *nadie lo sepa*. Que nadie lo averigüe. Sencillamente, llevas a todas partes el peso de tu culpa y tu vergüenza. Lo peor que puede pasar es que pases tu vida tratando de escapar de Dios, porque crees que Él te persigue para cobrarte lo que debes, cuando en realidad te persigue para darte lo que nunca podrías pagar.

> *Lo peor que puede pasar es que pases tu vida tratando de escapar de Dios, porque crees que Él te persigue para cobrarte lo que debes, cuando en realidad te persigue para darte lo que nunca podrías pagar.*

Padre e Hijo

Mi tío Dave y su hijo Wes comenzaron a hablar de vez en cuando y, después de algunos meses, decidieron que era hora de conocerse. Mi tío vivía en Missouri, y Wes en Virginia, así que planearon reunirse en mi casa, en Kentucky. Convertimos el asunto en una reunión familiar en miniatura, y mis abuelos y otros parientes estuvieron allí, emocionados por conocer a Wes.

Nunca olvidaré que, estando yo parado en la entrada de mi casa, vi cuando Wes se detuvo con su hermosa familia, y mi nervioso tío comenzó a caminar hacia la furgoneta de su hijo. Wes se apeó, y todos nos secamos las lágrimas al observar a padre e hijo abrazarse por primera vez.

Me hallaba demasiado lejos para oír las palabras que intercambiaban, pero Wes le dio un regalo a mi tío. Poco tiempo después, alguien me contó que fue un reloj. Mi tío estaba muy conmovido por el regalo, pero no entendí por qué significó tanto para él. No me malinterpretes; el reloj parecía un regalo apropiado, pero yo simplemente no entendía por qué ocasionaría una respuesta tan emocional.

Más tarde ese día, papá me llevó el reloj y me lo mostró. Se trataba de una joya hermosa, en lo que a relojes respecta, pero yo seguía sin entender. Entonces, papá me dijo que lo volteara. En la parte trasera, había dos palabras grabadas. Dos palabras que tienen el poder de cambiarlo todo.

PURA GRACIA

Pura gracia

El efecto gracia pronto comenzó a cambiar a mi tío. De repente, el peso de su vergüenza y de su culpa se desprendió de él. Su corazón duro se suavizó. No mucho después de esto, mi tío dio fin a una conversación que teníamos, diciendo que me amaba. Nunca me lo había dicho antes. Mi tío se ha vuelto activo en una iglesia, y el pastor se ha convertido en uno de sus buenos amigos.

Tal vez lo que más me sorprenda es que yo pueda contarte esta historia. No creía que mi tío se sintiera cómodo con que yo te relatara esta historia. Después de todo, al haberse esforzado tanto por mantenerla en secreto, yo estaba seguro de que no querría que el mundo la supiera. Pero me equivoqué. Eso era exactamente lo que él quería. Cuando le envié un correo electrónico pidiéndole permiso para contarla, esta fue su respuesta:

> Por favor, siéntete libre para hablar de mi situación en cualquier modo que exprese el amor, la compasión y la asombrosa gracia de Dios para cualquiera que los necesite.

Al leer su respuesta, recordé el cambio que se llevó a cabo en el corazón de la mujer en el pozo. Antes de conocer a Jesús, ella no quería que nadie la viera. No quería que supieran su historia y, si la conocían, no quería enterarse de ello. No lograba perdonarse lo que había hecho o la persona en que se había convertido. Pero luego, su vida colisionó con la gracia, y de pronto vio todo de modo diferente.

Entonces la mujer dejó su cántaro, y fue a la ciudad, y dijo a los hombres: Venid, ved a un hombre que me ha dicho todo cuanto he hecho. ¿No será éste el Cristo? Entonces salieron de la ciudad, y vinieron a él (vv. 28-30).

Cuando la gracia y la misericordia de Dios chocan con nuestra vergüenza y culpa, sucede algo complicado, pero a la vez hermoso. Jesús sabe todo lo que alguna vez hiciste, pero desea asegurarse de que sepas que su gracia es más grande.

Más redentora que tus remordimientos

Era jueves por la noche, y estaba acostado con mi esposa. Ella ya se había dormido, pero yo estaba despierto, mirando el cielorraso y pensando en el sermón para el fin de semana. El enfoque de mi mensaje era cómo aprender a vivir con remordimientos. Entender el remordimiento puede ser más que desmoralizador, puede ser paralizador. Parece que no podemos seguir adelante porque nos obsesionamos con algo que ocurrió, algo que no puede desenmarañarse ni deshacerse. Un remordimiento tiende a enfocarse en un momento, tiempo y lugar específico en que hiciste o no hiciste algo, y ahora tienes que vivir con las consecuencias.

Mientras yacía allí pensando y orando respecto al sermón, de repente oí un estrépito que venía de nuestro baño. Salté de la cama, corrí y vi que el espejo de cuerpo entero que había estado colgado en la puerta de nuestro clóset se había caído y estaba en el suelo hecho añicos. Cuando ese espejo cayó, quedó al descubierto algo de lo que me arrepentí profundamente.

Se expuso un agujero en la puerta del clóset.

¿Cómo terminó la puerta del clóset con un agujero? Temí que preguntaras eso, aunque sospecho que tal vez lo adivines. Discutí con mi esposa. Para ser sincero, ni siquiera recuerdo por qué discutimos.[1] Pero me enojé, perdí la paciencia y propiné un golpe a la puerta del clóset.

En realidad, no quería decirte eso.

Todo ocurrió en cuestión de segundos, pero sucedió.

Ojalá nunca hubiera pasado.

Ojalá pudiera volver atrás y ser un esposo paciente y tierno.

Ojalá hubiera reaccionado con humildad y dominio propio.

Pero no fue así.

Después de lo ocurrido, esperé que mi esposa lo olvidara y que mis hijos no lo averiguaran. Tuve miedo de lo que pensarían de mí quienes me oyeran predicar o leyeran mis libros, si descubrían lo que yo había hecho. Así que la manera de tratar con mi remordimiento fue cubrir lo que había hecho y olvidarlo. Por eso, fui al almacén y compré un espejo grande, lo colgué en la puerta y fingí que nada había pasado.

No sé qué hizo que el espejo se cayera de la puerta y se hiciera añicos. Había estado allí por más de un año. Supongo que el adhesivo que pegaba el espejo a la puerta no era tan fuerte y finalmente no pudo sostenerlo. Esa es una posibilidad, pero sospecho que Dios estaba escuchándome orar por un sermón que alentaría a las personas a tratar con sus remordimientos y decidió desprender el espejo de la puerta para recordarme que yo tenía algunos sentimientos que debía sacar de la oscuridad y llevar a la luz de su gracia sanadora.

De pie frente al clóset, miré el agujero en la puerta y luego el espejo destrozado en el piso. Podía ver mi propio reflejo en los pedazos rotos. Me fue difícil pasar por alto la metáfora. Me

---

1. Ella probablemente sí. Pero yo no quería revivirlo.

gusta creer que soy un hombre paciente, amable y humilde, que no se toma demasiado en serio. Es así como me veo, y esa es la imagen que quiero que otros tengan de mí, especialmente mi esposa. Me agaché y comencé a juntar los trozos de vidrios rotos. No podía dejar de verme en ellos; ojalá pudiera volver el tiempo atrás y actuar de modo diferente, pero siempre seré un marido que se enojó y golpeó la puerta con el puño.

El estrépito despertó a mi esposa, quien vino al clóset y me encontró de rodillas juntando los vidrios. No suelo llorar, pero ahora lo estaba haciendo, y ella supo que yo no lloraba porque fuera muy apegado a ese espejo. No estoy seguro de si alguna vez le dije que lo lamentaba de veras. Pero me hallaba listo a arrepentirme. En medio de lágrimas, le confesé tanto a ella como a Dios que sentía mucho lo que había hecho. Mi esposa se me acercó, reposé la cabeza en su estómago y lloré. Sentí sus dedos recorriendo mi cabello. Dar a conocer mi remordimiento y arrepentirme por lo que había hecho, en vez de cubrirlo o guardármelo, me colocó en la posición para recibir algo de gracia, y terminamos reuniendo juntos los pedazos rotos.

Remordimiento o vergüenza

Cuando perdemos la gracia y vivimos con culpa, esa culpa por lo general aparece en forma de remordimiento y vergüenza, los cuales pueden ir juntos, y a menudo, es así. No son mutuamente exclusivos. Pero existe una diferencia entre remordimiento y vergüenza. En pocas palabras, remordimiento es sentirse mal por *algo que has hecho o no has hecho*, mientras que vergüenza es sentirte mal por *quién eres o por cómo crees que Dios y los demás te perciben.*

De ahí que, en el capítulo anterior, pasáramos algún tiempo conociendo a la mujer en el pozo, en Juan 4. Estoy seguro de que ella tenía remordimientos, pero su verdadera lucha era vivir en la sombra de su vergüenza. No era que estuviera tratando de superar una equivocación o una mala decisión, sino que su vida era definida por esas cosas. La vergüenza está más relacionada con tu identidad, mientras que el remordimiento tiene que ver con algo específico que hiciste o no hiciste.

Varias veces al año, visito una prisión y conduzco un estudio bíblico para los reclusos. A menudo me quedo un rato después del estudio para relacionarme y orar con estos hombres. He aprendido que muchos de estos reclusos están cargando la pesada carga del remordimiento, lo cual muchas veces los mantiene despiertos por la noche. Podrán saber que Dios los ha perdonado, pero constantemente reviven un momento específico en que hicieron algo que nunca pensaron que harían y se sienten consumidos por lo que este hecho les ha costado tanto a ellos como a sus seres amados. Uno de los reclusos me confesó: "Sé que he sido perdonado, pero no puedo dejar de pensar en lo diferente que sería mi vida si pudiera regresar el tiempo y tomar una decisión distinta".

Eso es remordimiento.

Creo que la mayoría de nosotros podemos pensar en una o dos horas, o tal vez en una o dos décadas de nuestra existencia, en que daríamos cualquier cosa por poder hacer que el tiempo retrocediera. Haríamos las cosas de modo diferente. En retrospectiva, podemos ver el efecto de ese pecado en nuestras vidas y en las de los seres amados. Comprendemos que el costo es mucho mayor del que hubiéramos creído posible. Y nunca pensamos en el precio que otros tendrían que pagar.

He notado que cuando las personas me hablan de sus remordimientos, suelen comenzar la frase con estas palabras: *Si tan solo...*

Recientemente, me encontré con un sitio web llamado "Arrepentimientos secretos", que enumera decenas de miles de mensajes de personas que expresan remordimiento por algo que hicieron. He aquí algunos ejemplos:

- "Lamento que, cuando eras bebé y yo tenía dieciocho años, estuve muy asustada ante la violencia de mi novio y no pude defenderme ni defenderte, y permití que te apartara de mí. Eso fue hace veinte años, y pienso en ti todos los días".

- "Lamento haberme quejado de que caminábamos muy lentamente y de que te apoyabas en mí para mantener el equilibrio. Por ser discapacitada, para ti era mucho más difícil movilizarte. Yo solo era un niño y lo siento, mamá".

- "Lamento nunca haberles dicho 'los amo' mientras ustedes crecían. Me arrepiento de que, por alguna razón, aún no pueda pronunciar tales palabras".

- "Lamento haber sido una madre egocéntrica que no permitió que me ayudaras en la cocina porque no quería que se ensuciara".

La lista continúa. Algunos son menos específicos:

- "Lamento haberte dado el corazón cuando lo único que querías era mi cuerpo".

- "Lamento no haber ahorrado dinero y que no pueda jubilarme".

- "Lamento nunca haberte dicho lo que sentía".

- "Lamento no haber luchado por nosotros".

- "Lamento el tiempo que pasé quejándome y criticando".

Si hay algo que tenemos en común, es que todos tenemos algunos remordimientos. Todos quisiéramos poder volver atrás el tiempo y hacer algunas cosas de manera distinta.

Alrededor de tres años atrás, yo tenía como veinte mil palabras en un libro, y de alguna manera el documento se alteró. Cada letra de toda palabra en cada página se había remplazado por uno de estos asteriscos: *. Cuando veo estos *, lo que sea que signifiquen, siento náuseas. Estaba muy seguro de que mi editor no iba a aceptar el libro si los cuatro primeros capítulos estaban llenos de *********. Ese documento representaba cientos de horas de trabajo. Me desesperaba por recuperarlo. Sabía que recientemente lo había respaldado y esperaba poder recuperar la mayor parte de mi trabajo. Me contacté por teléfono con un técnico, quien me dijo que no me preocupara y me guio en cómo usar un programa llamado "Máquina del tiempo". De alguna manera, supongo que por la combinación de magia negra y un condensador de flujo, pude hacer retroceder el tiempo en mi computadora antes que el documento se alterara. Fue como si el incidente nunca hubiera ocurrido.

¿No sería útil si Dios dotara a todo ser humano con una función tipo "Máquina del tiempo"? ¿Cómo la utilizarías? Quizá regresarías a un momento antes que le dijeras esas palabras a un hermano. Tal vez regresarías a un momento antes de involucrarte en la aventura amorosa. Quizá regresarías a la noche antes de tomar esa primera copa. O justo antes de abandonar a tu familia. O justo antes de aceptar la petición en Facebook de tu exnovio. O justo antes de aceptar ir a esa primera cita. O justo antes de entrar a la clínica de abortos.

Puede que no estés tras las rejas, pero eso no significa que no seas prisionero. La mayor parte de nosotros nos desesperamos por ser libres de la culpa y los remordimientos que nos aprisionan.

Lamento, remordimiento y arrepentimiento

La Biblia nos habla de una noche cuando dos de los discípulos hicieron algo que nunca pensaron que harían. Fue la noche del arresto de Jesús. Él había estado con ellos en el aposento alto. Judas salió de la cena para traicionarlo. Se reunió con funcionarios judíos a fin de hacer los arreglos finales para entregar al Maestro.

Sin embargo, Judas no es el único discípulo que traicionó a Jesús esa noche. El Señor advirtió a los demás discípulos: "Todos vosotros os escandalizaréis de mí esta noche" (Mt. 26:31). Cuando Pedro oyó esto, se indignó. Objetó de manera apasionada, pero Jesús le dijo: "De cierto te digo que esta noche, antes que el gallo cante, me negarás tres veces" (v. 34). Entonces Pedro redobló su compromiso: "Aunque me sea necesario morir contigo, no te negaré" (v. 35).

El sol se había puesto cuando Jesús guio a sus discípulos por las calles de Jerusalén. Salieron de la ciudad por la puerta oriental y fueron al Monte de los Olivos. Llegaron a una zona arbolada con cerramiento llamada Getsemaní. Jesús dio instrucciones a sus discípulos de que oraran y luego se fue solo. Él sabía el horror que le espera y, en la quietud de la noche, clamó a su Padre.

Jesús debió de haber ido al huerto de Getsemaní a orar muy a menudo, porque Judas sabía exactamente dónde encontrarlo, y guio a un grupo como de seiscientos hombres al huerto para arrestarlo. Judas convino una señal para que supieran quién entre todos era Jesús. Así se acercó al Señor y lo traicionó con un beso. Los soldados entraron y arrestaron a Jesús. Los discípulos eran superados sesenta a uno; no tenían ninguna oportunidad. Pero Pedro tomó un cuchillo de carnicero, probablemente el mismo que había usado antes esa noche para tajar el cordero de Pascua, e intentó ejecutar al criado del sumo sacerdote. Pedro trató de decapitarlo, pero solo logró cortarle una oreja. Supongo que Pedro tenía algunos agujeros en la puerta de su clóset. Jesús intervino inmediatamente y detuvo lo que Pedro estaba haciendo. Tomó la oreja, la disconfectó,[2] y volvió a pegársela al criado.

---

2. ¿No reconoces "disconfectar"? Eso es porque te salteaste la introducción. ¡Te pillé!

Una vez que Jesús fue arrestado, todos menos dos de los discípulos huyeron. Pedro y Juan siguieron al Señor desde una distancia prudencial. En algún momento, los dos se separaron, y Pedro esperó en el patio del sumo sacerdote para ver lo que le sucedería a Jesús. Allí una criada reconoció a Pedro y le preguntó si era uno de los discípulos. Entonces él hizo lo que había prometido que nunca haría: negó a Jesús. Luego se dirigió a la hoguera, donde se encontró con otras personas que trataban de calentarse. Una vez más lo reconocieron, y de nuevo negó incluso conocer a Jesús. Poco después reconocieron a Pedro por tercera vez, y por tercera ocasión negó conocer a Jesús. Es más, incluso juró bajo el castigo del infierno que no conocía al Señor. Pero su juramento fue interrumpido por el canto de un gallo. En ese mismo instante, condujeron a Jesús por el patio. Lo habían maltratado de tal manera que tenía el rostro sangrando e hinchado. Lucas 22:61 nos narra:

> Entonces, vuelto el Señor, miró a Pedro; y Pedro se acordó de la palabra del Señor, que le había dicho: Antes que el gallo cante, me negarás tres veces.

Pedro volvió a la realidad. Comprendió que había hecho justo aquello que juró que nunca haría.

> Pedro, saliendo fuera, lloró amargamente (v. 62).

Mientras Jesús continuó por una serie de juicios ilegales e injustos, se nos dice que Judas también estaba lleno de remordimiento. Lo abrumaba la pena, y se desesperaba por enderezar las cosas. Acudió al sumo sacerdote y los ancianos, y arrojó el dinero dentro del templo. Les confesó: "Yo he pecado entregando sangre inocente" (Mt. 27:4).

Tanto Pedro como Judas estaban llenos de culpa y pesar por lo que había hecho. Si hubieran podido retroceder el tiempo y deshacer sus equivocaciones, lo habrían hecho; pero era imposible. Tú tampoco puedes. Hiciste lo que prometiste que nunca harías, y eso no puede deshacerse. Tal vez lo hiciste una vez. Quizás lo hiciste tres veces. Tal vez no te acuerdes cuántas veces fueron. Ahora parece que pocos días, pocas horas, pocos minutos o tal vez solo algunos segundos definirán el resto de tu vida.

Nuestros lamentos deberían llevarnos al arrepentimiento. Esa es la respuesta correcta cuando somos confrontados con nuestro pecado. La gracia de Dios no nos dejará allí, pero es allí donde la gracia de Dios nos encontrará más a menudo. Por desdicha, cuando nos encontramos cara a cara con nuestra culpa, solemos hacer todo lo posible por evitar el arrepentimiento.

> *Por desdicha, cuando nos encontramos cara a cara con nuestra culpa, con frecuencia hacemos todo lo posible por evitar el arrepentimiento.*

He aquí algunas de las maneras comunes en que veo que las personas tratan con sus remordimientos:

1. *Racionalización.* Algunas de las racionalizaciones comunes que oigo son: "No le estoy haciendo daño a nadie/No puedo evitar lo que siento/Dios me hizo así/Dios quiere que yo sea feliz". Siempre puedes darte cuenta cuándo alguien está racionalizando, porque tienes la sensación de que esa persona intenta convencerse de que algo está bien, cuando sabe que está mal.

2. *Justificación.* Por lo general, esto toma la forma de culpar a algo o alguien, menos a sí mismo. Mucha gente trata con el remordimiento explicando todas las maneras en que no es su culpa y, por lo tanto, no es responsable. "Si mis padres no fueran tan permisivos/Si mis padres no fueran tan estrictos/Si mi esposa no fuera tan crítica/Si

mi esposo no fuera tan desatento/Si mi jefe no fuera tan injusto/Si la cultura no fuera tan corrupta".

3. *Comparaciones*. Tocamos esto en el capítulo 1, pero las personas intentan sentirse mejor respecto a sus remordimientos comparándose con otras. Creo que esta es una de las razones de que a las personas les gusten las revistas de chismes y la telerrealidad. Nada nos hace sentir que lo que hemos hecho no es tan malo como oír lo que otros han hecho. De alguna manera, borramos nuestro dolor cuando decimos: "Bueno, al menos yo no _____ _____".

4. *Distracción*. Esto es importante. Nunca nos detenemos lo suficiente para mirarnos en el espejo. Nunca tomamos tiempo para reflexionar en las decisiones que hemos tomado. Llenamos cada centímetro de nuestras vidas con trabajo, relaciones y diversión. Si alguna vez logramos tener algunos segundos extra, de modo instintivo sacamos nuestros teléfonos celulares y nos ponemos a jugar o a navegar en la internet.

5. *Escapismo*. Esta es una forma esencial de distracción. Un individuo no puede lidiar con el dolor que siente, por lo que traga algunas pastillas, fuma algo de hierba, se emborracha o saca la tarjeta de crédito y sale de compras. Nos automedicamos intentando tratar con nuestra culpa y así adormecer el dolor por lo que hemos hecho. Aunque solo sea por un rato.

Tanto Pedro como Judas cometieron sus propias equivocaciones. Admitieron dónde erraron. Permitieron que sus pesares les produjeran remordimiento. Pero trataron con su remordimiento de modo distinto. Judas regresó las treinta piezas de plata que había recibido por traicionar a Jesús. Está bien que intentara enderezar las cosas. Hasta donde sea posible, debemos responsabilizarnos por lo que hemos hecho. El problema es que podemos hacer muy poco respecto a los muchos dolores que tenemos. Esa suele ser una de las razones más importantes de que tengamos tanta dificultad en vivir sin remordimientos. Judas se dio cuenta de que no podía deshacer lo que había hecho. No podía arreglar las cosas ni recomponer la situación, y la Biblia nos dice que fue y se ahorcó (Mt. 27:5).

Judas no pudo lidiar con sus penas; estaba convencido de que estas eran más grandes que la gracia redentora de Dios. No pudo vivir con el peso de lo que había hecho, así que se suicidó. La mayoría de las personas no lidian con su remordimiento suicidándose, pero estoy convencido de que muchos están suicidándose lentamente con remordimiento.

Estoy convencido de que muchas personas están suicidándose lentamente con remordimiento.

Pedro, al igual que Judas, estaba lleno de remordimiento, pero se arrepintió. El dolor debería llevarnos al remordimiento, y el *remordimiento debería llevarnos al arrepentimiento*. No quiero pensar demasiado en esto, pero en mi mente es significativo que tanto Pedro como Judas estuvieran llenos de remordimiento, y que solo Pedro haya llorado. Lucas 22:62 nos hace saber que "Pedro, saliendo fuera, lloró amargamente". Tal vez esto me llame la atención porque he aprendido a buscar las lágrimas como una señal de arrepentimiento. Una de las preguntas que hago a los hombres que vienen y confiesan un pecado es: "¿Has llorado al respecto?". Esta podría parecer una pregunta extraña, pero en mi experiencia las lágrimas pueden tener un increíble poder curativo cuando se trata de lidiar con nuestros remordimientos. Juan Crisóstomo lo dice así: "El fuego del pecado es intenso, pero es exhalado por una cantidad pequeña de lágrimas, porque la lágrima saca un horno de faltas y limpia de pecados nuestras heridas".

En 2 Corintios 7:10 se hace una posible distinción entre el modo en que Judas y Pedro lidiaron con sus remordimientos: "Pues la clase de tristeza que Dios desea que suframos nos aleja del pecado y trae como resultado salvación. *No hay que lamentarse por esa clase de tristeza*; pero la tristeza del mundo, a la cual le falta arrepentimiento, resulta en muerte espiritual" (NTV).

Una madrugada, después que Jesús resucitó de los muertos, Pedro estaba pescando con algunos de los demás discípulos. Esto es lo que hacía para ganarse la vida antes de convertirse en seguidor a tiempo completo de Jesús. Tal vez había vuelto al negocio sintiéndose fracasado después de negar a Aquel por quien había dejado todo. Quizá Pedro se había arrepentido de su pecado y estaba consciente de que había sido perdonado, pero creía que estaría obligado a vivir el resto de su existencia con sus remordimientos, pensando en cómo habrían sido las cosas y en cómo Dios podría haberlo usado, si tan solo…

Desde la barca, Pedro vio una figura solitaria que caminaba por la orilla, como a cien metros de distancia. El hombre preguntó a los de la barca: "Hijitos, ¿tenéis algo de comer?". Pedro y los demás respondieron: "No". El hombre en la orilla manifestó: "Echad la red a la derecha de la barca, y hallaréis". Los pescadores hicieron caso, y sus redes se llenaron de pescados (véase Jn. 21:4-6).

Pedro comprendió que se trataba de Jesús y no pudo esperar que la barca llegara a la orilla. Se lanzó al agua y nadó hacia Él. Jesús estaba preparando el desayuno, y ellos se reunieron alrededor de una fogata. *¿Has notado alguna vez cómo un olor distintivo puede traer recuerdos?* El hedor de un vestuario te recuerda el fútbol, el olor peculiar de una fábrica te recuerda un trabajo de verano, un perfume distintivo puede recordarte

tu primera cita con tu esposa. Me pregunto si en la mente de
Pedro el aroma de aquellos leños detonó la última vez que había
estado alrededor de una hoguera... cuando había negado a Jesús.
Mientras estaban alrededor de esa hoguera, tres veces le
preguntó Jesús a Pedro: "¿Me amas?". Tres veces Pedro afirmó
su amor. Entonces Jesús declaró: "Apacienta mis corderos" (véase
vv. 15-17). Jesús estaba diciéndole a Pedro que ya no tenía que
estar aprisionado por sus remordimientos. Jesús todavía tenía
un gran plan para él. La gracia tiene el poder de redimir el
remordimiento.

Un trofeo de la gracia de Dios

La mañana siguiente a cuando juntamos los pedazos rotos del
espejo que se había desprendido del clóset, le dije a mi esposa
que sentía que Dios quería que yo le contara a la iglesia de
cuando hice un agujero en la puerta y luego lo cubrí. Le pregunté si ella estaría de acuerdo. Yo comprendía que la historia
sería embarazosa para ella, ya que podría no querer que miles
de personas supieran que está casada con un individuo que de
un golpe hizo un agujero en la puerta del clóset. Secretamente,
yo esperaba que ella dijera que no, porque estaba seguro de que
Dios comprendería la situación y me dejaría en paz.

—Si Dios quiere que hagas eso, debes hacerlo —contestó
ella cuando le pedí permiso.

—Solo que me asusta un poco lo que la gente pudiera pensar
de mí —objeté, siendo sincero.

—Créeme —respondió con una risita en los labios—, no
somos los únicos con un agujero en la puerta.

Ese fin de semana, me puse de pie para hablar de la diferencia entre vivir con remordimientos y arrepentirnos, a fin de
poder ser libres por la gracia. Me sinceré y confesé a la iglesia
que su predicador había perdido la paciencia y había hecho

un agujero en la puerta. Cuando terminó la reunión, vi que uno de los líderes de nuestra iglesia caminaba hacia mí. Bajé la mirada mientras se acercaba. Me hallaba avergonzado y no estaba seguro de lo que él iba a decir. El líder me abrazó y dijo: "Nadie sabe esto, pero hay un agujero detrás de un cuadro en mi habitación". Hablamos durante unos minutos, y para cuando terminamos, levanté la mirada para ver a cinco hombres más que esperaban hablar conmigo. Nunca imaginarás lo que querían decirme. Cuando mi esposa aseguró que no éramos los únicos con un agujero en la puerta, supuse que lo decía en forma metafórica, pero después de cada reunión ese fin de semana hubo hombres que hicieron fila para hablarme de agujeros literales.

Si vienes hoy día a mi casa y entras a mi clóset, encontrarás un agujero en la puerta. Nunca la remplacé ni volví a cubrir el agujero con otro espejo. Decidí dejarlo expuesto porque algo extraño sucedió. Ese agujero en la puerta, que yo quería esconder porque me recordaba algo que lamentaba, empezó a recordarme cuán amado soy. Una puerta rota de clóset se convirtió en un trofeo de la gracia de Dios.

Su gracia es más grande que un agujero en la puerta de mi clóset.

PARTE 2

Su gracia es más grande…
que tus heridas

Más sanadora que tus heridas

Mi esposa es una persona organizada que disfruta haciendo listas, creando sistemas y poniendo cosas en su lugar correcto. Estos son conceptos con los que solo estoy vagamente familiarizado. Soy tan hábil en la organización como en realizar una cirugía de miectomía septal. Y en caso de que haya alguna confusión, para nada soy hábil en eso.

Recientemente, ella estuvo leyendo un libro titulado *La magia del orden*. El subtítulo es: *Herramientas para ordenar tu casa... ¡y tu vida!* La hipótesis de este libro es que "ordenar" es algo que cambia la vida, y que "organizar" es un arte. Esta no es la clase de propaganda que deseo en mi casa.

Mi esposa estaba revisando este libro, tanto leyéndolo como escuchando la versión en audio. Un día llegué temprano del trabajo, y ella escuchaba en casa la versión en audio. De inmediato, me sentí en una trampa. Descubrí que ella estaba escuchándolo mientras limpiaba su clóset. Le señalé que su clóset ya estaba fastidiosamente limpio y repugnantemente organizado. Me recordó que no se me permitía estar en su clóset y luego me explicó que este era otro nivel de limpiarlo y organizarlo. Había apilado todo lo que poseía en un enorme montón en medio de nuestra alcoba. Escuché a la autora, Marie Kondo, explicar que la clave de limpiar tu clóset es saber exactamente lo que deseas conservar y después deshacerse de todo lo demás. Eso parece bastante obvio. Pero también explicó cómo tomar tan difíciles decisiones. El truco es agarrar cada artículo, uno a la vez y preguntarle: "¿Destellas alegría?". Si así es, lo conservas. Si no, te deshaces de él.

No pude dejar de reír al pensar en ir a *mi* clóset, tomar cada artículo en la mano y preguntarle: "¿Destellas alegría?". Mi esposa observó y advirtió: "No te rías. De aquí sigo con tu clóset". Esa amenaza no me asustó, porque sabía que ella no tenía fortaleza emocional ni siquiera para mirar dentro de mi clóset. Le expliqué que si intentaba acercarse a mi clóset, no quedaría nada más que calzoncillos bóxer y camisetas con cuello en V.[1]

Estaba preparándome para escribir este capítulo, y escuchar el audiolibro me hizo pensar en cómo nos apegamos a emociones como enojo y resentimiento. Las almacenamos en el clóset de nuestros corazones, aunque no nos produzcan alegría. En realidad, nos roban la paz. Sin embargo, simplemente parece que no podemos deshacernos de ellas. Y con los años, nuestro enojo y resentimiento empiezan a amontonarse.

Es hora de limpiar nuestros clósets. Para la mayoría de nosotros, hay muchas cosas de las que debemos deshacernos. Por ejemplo:

> Quítense de vosotros toda amargura, enojo, ira, gritería y maledicencia, y toda malicia (Ef. 4:31).

¿No te gustaría que, en realidad, fuera tan fácil como ese versículo hace parecer? Pero quitarse la amargura y el enojo

---

1. Y no estoy seguro de que quedarían mis camisetas con cuello en V. Aplicar el libro posiblemente me lleve a "La magia de llevar solo calzoncillos bóxer", lo cual podría llevarme a "La magia de ser despedido de tu trabajo y humillar a tus hijos".

puede ser algo doloroso. Más fácil es simplemente cerrar la puerta del clóset, fingir que todo está bien y abrirla solo cuando sea absolutamente necesario.

En esta sección, quiero invitarte a limpiar tu clóset y tratar con algunas de las heridas que otras personas te han causado. En mi experiencia personal, y en mis veinte años como pastor, he descubierto que extender gracia y perdón a alguien que no lo merece ni que puede hacer lo correcto es más que una decisión que tomamos. Es un viaje que hacemos

Inicio del viaje de gracia

El primer paso es decidir si este es un viaje que deseas hacer o al menos que estás dispuesto a intentar. No existe un botón mágico llamado *gracia* que pulsemos y borre los recuerdos dolorosos o sane las heridas enconadas que otras personas nos han causado. Pero el difícil viaje empieza con la disposición de perdonar, aunque el perdón parezca demasiado que pedir.

Para muchas personas que han sido profundamente heridas por alguien más brindar gracia no parece una opción. No es que desees seguir viviendo con esas heridas o cargando el peso de esa amargura. Podrías ponerlo de este modo: "Me han causado demasiado daño".

He oído muchas versiones de ese sentimiento:

"No sabes por lo que he pasado".
"No, después de lo que ella me ha hecho".
"Él destruyó mi vida".
"Es demasiado doloroso siquiera pensar al respecto".

Quizá ese seas tú. Tal vez hayas hecho esas matemáticas y hayas llegado a la conclusión de que la herida que te hicieron es más grande que la gracia que puedes ofrecer.

Unos días después que prediqué en la iglesia sobre este tema, recibí un correo electrónico de una dama que ahora tiene como cincuenta años. Se casó cuando tenía diecinueve años con un hombre que la maltrataba física y verbalmente. Mientras me contaba algunos de los horrores de su historia, me encontré queriendo tener un bate de béisbol y cinco minutos a solas con este tipo. Ella estuvo casada con él durante veinte años antes de escapar finalmente. Durante las últimas décadas, se había dejado consumir por la amargura, el enojo y la rabia. No porque quisiera ser así, sino porque después de lo que había pasado, parecía su única opción. En su correo electrónico, me explicó lo que sintió mientras escuchaba mi sermón que la retaba a abrir su clóset y tratar con lo que había dentro.

Despierto cada día sintiendo que mi odio por él va a sofocarme. Nunca consideré que fuera posible algo más, no después de lo que me hizo. Hubo tanto sufrimiento durante tanto tiempo, que mi amargura no dejó espacio ni siquiera a la posibilidad de la gracia. Puesto que parecía imposible, nunca había pensado en si quería perdonarlo o no. Pero mientras escuchaba tu sermón, me sorprendió comprender que nunca había ni siquiera intentado perdonar. Es más, nunca había considerado que Dios quería que lo hiciera. Todavía no sé si eso es posible, pero al menos estoy dispuesta a intentarlo.

Ese es el primer paso de este viaje: disposición para perdonar, aunque ni siquiera parezca posible hacer que la ecuación funcione.

Este podría ser un buen lugar para que yo presione el botón *pausa* y señale que a veces existe la necesidad de asegurarse de que el daño sea tan importante como para justificar el perdón.

A veces creemos que debemos perdonar a alguien, cuando en realidad en primera instancia no teníamos que estar heridos. Mi hijo de quinto grado juega básquetbol en una liga donde los equipos reciben nombres de equipos universitarios. Estaba muy emocionado por cuál podría ser el nombre de su equipo. ¿Estaría jugando en los Espartanos, Troyanos o Leones? En realidad fue a parar en los Babosas Banana. Esto *no* fue lo que él esperaba. Investigué un poco. Resulta que una babosa banana es un molusco amarillo y viscoso que no tiene dientes, veneno mortal ni garras afiladas. Solo es muy viscoso y muy lento.[2] Mi hijo lo sintió como un chiste cruel. Escuchar a la multitud corear: "¡Yo digo babosas, tú dices banana!" no lo inspiró. Ayer él jugó contra un equipo llamado los "Guerreros Espartanos". Es difícil no amargarse cuando eres un Babosa Banana que enfrenta a un Guerrero Espartano. Es difícil no sentir que el otro equipo tiene alguna clase de ventaja psicológica injusta.

Al tratar de animar a mi hijo, recordé a un equipo de Ligas Menores donde jugué cuando yo tenía su edad. El nombre de nuestro equipo era "Escarabajos y Taller Snodgrass", que representaba a un taller en la ciudad especializado en Escarabajos Volkswagen. Recuerdo que me salían lágrimas de los ojos cuando supe que sería un Escarabajo y Taller Snodgrass. Mis padres vieron mi reacción y empezaron a reír. Pronto yo también vi el humor en ello. Nos divertimos vitoreando a Escarabajos y Taller Snodgrass, y también nos divertimos por los Babosas Banana. Podríamos elegir que ese nombre arruine nuestro día y amargarnos, pero no vale la pena. Proverbios 19:11 manifiesta: "La cordura del hombre detiene su furor, y su honra es pasar por

---

2. La babosa banana es la mascota no oficial de los equipos mixtos del UC Santa Cruz, por lo que técnicamente calificaba. En 2009, la revista *Time* publicó un artículo titulado "Los diez peores nombres de equipos de todos los tiempos" y, en primer lugar, muy cerca de los Sacos de Tierra del estado de Long Beach, estaban los Babosas Banana.

alto la ofensa". A veces nos golpean en una manera muy insignificante, y debemos elegir no ofendernos.

Haz la cuenta

En Mateo 18, Jesús narra la historia del siervo inmisericorde, para ayudarnos a entender no solamente la grandeza de la gracia que hemos recibido, sino la grandeza de la gracia que debemos otorgar. En esta parábola, descubrimos que la gracia solo es gracia si va en ambos sentidos.

La gracia solo es gracia si va en ambos sentidos. Recibirla de Dios, pero negarse a concederla a otros no es una opción. La gracia es una calle de doble vía. Recibirla de Dios, pero negarse a concederla a otros no es una opción. La gracia fluye.

Lo diré de un modo que podría incomodarte más: la prueba de fuego para la realidad de la gracia que has recibido de Dios es la medida en que brindas gracia y ofreces perdón a la persona que más te lastima y que menos lo merece.

Pedro se acerca a Jesús en Mateo 18 con una duda. Es una pregunta genérica, pero apuesto a que había un problema específico que la motivaba: "Señor, ¿cuántas veces perdonaré a mi hermano que peque contra mí? ¿Hasta siete?" (Mt. 18:21).

Pedro presenta un problema de cálculo, una ecuación por resolver. ¿Es la gracia más grande que una ofensa que se ha repetido vez tras vez? Parece algo así:

$$G >/< O \times 7$$

¿Cuántas veces tiene Pedro que perdonar a una persona que lo lastima? Incluso conjetura la respuesta correcta, siete, y es probable que crea que está siendo muy misericordioso.

Los rabinos judíos enseñaban que debías perdonar a alguien tres veces; la cuarta vez no tenías que hacerlo. Por eso, cuando Pedro arroja el número siete, está esperando que Jesús elogie a su pupilo estrella. "¡Pedro! ¿Siete veces? Eso es increíblemente misericordioso. ¿Por qué no pueden todos los discípulos ser como tú?".

Tal vez Pedro tenía a alguien en mente cuando hizo esta pregunta. Quizá pensaba que ya había sido bastante compasivo con este individuo. Después de todo, lo había perdonado alrededor de —simplemente estoy imaginando aquí— siete veces. Alguien lo había herido, no una ni dos, sino siete veces. Pedro está preparado para dar por terminado el asunto. Lo han herido muy mal y demasiadas veces.

Tal vez para ti lo importante no es la cantidad de veces, sino más bien el *grado* de la ofensa. Quizá la persona te hirió solo una vez, pero el dolor fue *siete veces* más fuerte o incluso se trató de un dolor a la séptima potencia.

No sabemos de quién está hablando Pedro específicamente, pero creo que es seguro suponer que se trata de alguien que conoce muy bien. Exploraremos esto en un capítulo posterior, pero la verdad es que los más cercanos a nosotros están en condiciones de infligir las heridas más profundas.

El año pasado, después de predicar sobre el perdón, reté a la gente no solo a perdonar, sino a pedir perdón. Después de la reunión, un hombre que yo no conocía se acercó para disculparse por un correo electrónico que me había enviado algunos meses antes, en que según parece me decía algunas cosas ofensivas. Me di cuenta de que se sentía auténticamente mal y que necesitaba decirme que lo sentía mucho. Su disculpa fue humilde y sincera, y la aprecié.

—Me siento muy mal y apenado porque mis palabras lo hayan herido —declaró.

Le agradecí por eso y lo perdoné.

—Tengo buenas noticias para ti —también le dije—. Estoy vagamente consciente de lo que estás hablando. Recuerdo haber recibido el correo que describes. Pero, hermano, ese día fui a casa, besé a mi esposa, jugué con mis hijos, dormí como un bebé y no pensé mucho más al respecto.

Yo no estaba enojado ni amargado con este hombre. ¿Por qué? Porque no lo conocía, y él no me conocía, y no hay manera de que yo vaya a dar esa clase de poder sobre mi vida a alguien que ni siquiera conozco. La mayoría de las veces son las personas que mejor conocemos y que más amamos las que tienen mayor poder para lastimarnos.

Por supuesto, hay excepciones. Es posible que alguien haya entrado a tu vida el tiempo suficiente como para producir una devastación que te alteró. Pero para la mayoría de nosotros, las personas que amamos son las que tienen el poder para herirnos más gravemente. Aquellos a quienes entregamos nuestros corazones son los más propensos a desgarrarlos.

Estoy convencido de que esta no es una pregunta teológica hecha al azar por parte de Pedro. Hay un rostro y una historia detrás de ella. Tal vez cuando escuchas la pregunta, te viene a la mente un rostro junto con una historia que quisieras olvidar. Por tanto, harías cualquier cosa por sacar eso de la cabeza, pero no puedes dejar de recordarlo. Y quizá la pregunta de Pedro es una que también te gustaría hacer: "Sí, Jesús, ¿dónde está el límite? ¿Cuánto es demasiado? ¿Cuándo es más grande el dolor que me han causado que la gracia que quieres que yo conceda? ¿Cuándo se agota la gracia?". No sé qué palabra elegirías para rellenar el espacio en blanco de la siguiente ecuación, pero tal vez cuando hagas las matemáticas, esta sea la ecuación que resulte:

_____ > Gracia

Jesús responde así la pregunta de Pedro: "No te digo hasta siete, sino aun hasta setenta veces siete" (v. 22). Algunas traducciones dicen: "setenta y siete veces". No es que Jesús esté diciendo setenta y siete veces ni cuatrocientas noventa veces. Está señalando la pizarra y declarando: "La gracia siempre es mayor".

Déjame hacer aquí una pausa y reconocer que tal vez te sientas un poco a la defensiva. No quiero parecer despectivo. No sé qué te hayan hecho. No entiendo la profundidad de la traición o el grado de dolor que hayas experimentado. No conozco las pesadillas que te despiertan por la noche. Pero sí sé esto: la gracia es mayor.

Quizá estés dispuesto a aceptar intelectualmente esto en algún nivel. Quieres creer que la gracia es más grande, pero *emocionalmente* la ecuación no funciona para ti. El maltrato o el abandono fueron demasiado dolorosos, y por más que deseas que desaparezca la infección restante de amargura, simplemente no parece que el perdón sea posible. Mi pregunta es: *¿Estás al menos dispuesto a intentar?*

Gracia recibida

Jesús entiende lo difícil que puede ser esta ecuación, así que cuenta una parábola que ayuda a motivar nuestra disposición para intentar.

> Por lo cual el reino de los cielos es semejante a un rey que quiso hacer cuentas con sus siervos (Mt. 18:23).

Se nos presenta este importante director ejecutivo que decide que es hora de cobrar a quienes le deben. Luego de echar una mirada a los libros, le traen "a uno de sus deudores que le debía millones de monedas de plata" (v. 24, NTV). No sé cuántas monedas de plata tengas, pero eso es muchísimo dinero. Equivale, aproximadamente, a ciento cincuenta millones de dólares actuales. En la época de Jesús, podría haber sido más o menos diez veces el presupuesto nacional. Se trataba de una cifra astronómica que probablemente puso a reír a su audiencia. Ningún amo prestaría jamás esa cantidad de dinero, y ningún siervo podría pagarla alguna vez. Jesús utiliza aquí una hipérbole para resaltar que se trataba de una deuda que el hombre nunca podría pagar.

El Señor continúa:

> A éste, como no pudo pagar, ordenó su señor venderle, y a su mujer e hijos, y todo lo que tenía, para que se le pagase la deuda (v. 25).

El amo se da cuenta de que este individuo nunca podrá pagarle, así que decide rematar todo lo que el deudor posee y venderlo como esclavo junto con su familia. Esto no era injusto. Es más, este tipo de trato se esperaba por cualquier deuda que no pudiera pagarse.

Esta parábola pretende reflejar nuestra posición ante Dios. Estamos llamados a rendir cuentas. Él ha estado llevando un registro, y todos somos culpables. Hemos pecado y acumulado una deuda que nunca podremos pagar.

Puedes vivir en negación y fingir que no le debes nada a Dios. Puedes justificar la deuda o desestimarla comparándola con la de otros. O quizá aceptas que tienes una enorme deuda y decides que, de alguna manera, vas a trabajar para pagarla. El problema es que no puedes. La deuda es demasiado grande. Debes mucho. No hay cantidad de buenas obras o actos benevolentes que, de algún modo, te dejen a la par. No hay nada que puedas decir o hacer que enderece las cosas.

Jesús empieza esta parábola con una imagen de Dios abriendo sus libros y llamándonos a rendir cuentas. Se trata de un recordatorio de que, excepto Jesús, todos estamos en deuda profunda con Dios a causa de nuestro pecado.

Hebreos 4:13 nos enseña: "No hay cosa creada que no sea manifiesta en su presencia; antes bien todas las cosas están desnudas y abiertas a los ojos de aquel a quien tenemos que dar cuenta". Es posible que tu profesor no sepa que plagiaste el examen en la universidad, pero Dios lo sabe. Quizá tu cónyuge no sepa de tu coqueteo en el gimnasio, pero Dios lo vio. Tal vez hayas borrado el historial de tu computadora, pero Dios conoce las páginas que visitaste. Es posible que nadie sepa de tu problema con la bebida, pero Dios lo sabe. Las ventanas de la casa pueden cerrarse tan bien que los vecinos no podrán oír cuánto gritas, pero Dios puede oír desde el cielo. Tal vez el jefe no sepa acerca de la malversación, pero Dios lo sabe. Él lo sabe todo. Incluso sabe respecto al orgullo que podrías tener ahora debido a que no pude imaginar un ejemplo que se aplique a ti.

El siervo en la historia de Jesús es confrontado con esta enorme deuda que tiene y comprende lo que se merece.

> Entonces aquel siervo, postrado, le suplicaba, diciendo: Señor, ten paciencia conmigo, y yo te lo pagaré todo (Mt. 18:26).

El amo sabe que eso nunca ocurrirá. No hay ninguna posibilidad de que alguna vez este hombre pueda pagar la deuda. Pero increíblemente el amo se apiada de él, y en el versículo 27 se nos dice que lo suelta y lo perdona.

Los dos verbos usados aquí, "soltar" y "perdonar", pueden traducirse exactamente como "indultar".

El siervo debe ciento cincuenta millones de dólares, pero el amo borra la deuda de los libros. Este es un acto increíble de misericordia. El amo no renegocia el pagaré ni baja los pagos mensuales. Borra completamente la deuda de los registros. Por importante que fuera la deuda, la gracia del amo fue más grande.

Comunidad de gracia

Luego esta parábola da un giro inquietante.

> Pero saliendo aquel siervo, halló a uno de sus consiervos, que le debía cien denarios; y asiendo de él, le ahogaba, diciendo: Págame lo que me debes (v. 28).

El siervo a quien se le perdonó una deuda de ciento cincuenta millones de dólares encuentra un consiervo que le debe veinte dólares, y empieza a estrangularlo y a exigir el pago.

> Entonces su consiervo, postrándose a sus pies, le rogaba diciendo: Ten paciencia conmigo, y yo te lo pagaré todo (v. 29).

Eso es *exactamente* lo que el primer siervo le había dicho al amo. No pases esto por alto: el consiervo está pidiendo la misma compasión que recibió el primero, solo que en un grado muchísimo menor.

Si nunca has leído esta historia, ¿qué crees que pasará? Desde luego que el acreedor va a perdonarlo. Le acaban de indultar una deuda enorme. Por supuesto, va a mostrar la misma misericordia. ¿Cómo podría ser de otra manera?

> Mas él no quiso, sino fue y le echó en la cárcel, hasta que pagase la deuda (v. 30).

Es fácil no darse cuenta del siguiente detalle en la historia, pero no podemos dejar pasar lo que sucede:

> Viendo sus consiervos lo que pasaba, se entristecieron mucho, y fueron y refirieron a su señor todo lo que había pasado (v. 31).

Los otros "consiervos" son los que reportaron ante el amo al siervo no perdonador. Vieron cuánta gracia había recibido y que ahora se negaba a concederla, y se entristecieron. ¿Por qué?

Porque vivían juntos en esta comunidad de gracia, con este amo que no los trataba como criados, sino como hijos e hijas. Tenían un amo que era conocido por su benevolencia extravagante. Por eso, cuando uno de los suyos, que ha estado en el lado receptor de la gracia, se niega a *brindar* gracia, la comunidad se "entristece". *Se entristecieron* también se traduce a veces "les dolió" o "se disgustaron".

Esa es una respuesta apropiada que debe presentarse cuando alguien en una comunidad viola el valor fundamental de ella.

Piensa conmigo un poco más en esto: los consiervos se entristecen cuando un miembro de su comunidad no muestra gracia, así que se lo dicen al amo. No pases esto por alto. *En medio de esta historia acerca de la gracia, encontramos una carencia de gracia en la persona que no tiene misericordia.* Eso podría parecer contradictorio, pero no lo es. Por eso, vemos que Jesús extiende gracia radical a todos los que conoce que están atrapados en el pecado, *excepto* a los fariseos cuyo pecado les impedía ser misericordiosos. Si la gracia es el valor fundamental de una comunidad, entonces esa comunidad no puede pasar por alto a quien se niega a ser misericordioso.

Hoy día, la Iglesia es la comunidad de Jesús. Y según demostró nuestro líder por medio de sus acciones, y también lo reforzó con sus enseñanzas, nuestro valor fundamental es la gracia. Nuestras iglesias deberían caracterizarse por la gracia, estar inundadas con gracia y ser conocidas por esa gracia. Por tanto, cuando uno de los nuestros se niega a ser compasivo, debería haber indignación y profunda tristeza.

He aquí mi preocupación: a menudo a la Iglesia se la conoce por su indignación hacia las personas fuera de nuestra comunidad que *necesitan* gracia, en lugar de mostrar indignación hacia las

Nuestras iglesias deberían caracterizarse por la gracia, estar inundadas con gracia y ser conocidas por esa gracia.

personas que, estando dentro de nuestra comunidad, se niegan a *darla*. Deberíamos sentirnos muy tristes cuando olfateamos legalismo en nuestra comunidad o vemos a alguien que, después de recibir la increíble gracia de Dios, emite juicios condenatorios hacia aquellos cuyas luchas son diferentes de las suyas.

Ya que la gracia debe ser nuestro atributo más definitorio, debería sorprendernos y entristecernos cualquier persona en una iglesia que no lleve una vida dadora de gracia. Imagina a alguien que ha entregado su vida a una organización que preserva la paz, y que utiliza sus días libres para planificar atentados terroristas. Esto puede ser difícil de imaginar, porque no tiene ningún sentido. Y si la gente en una de tales organizaciones descubriera que han tenido un miembro que ha estado violando directamente los valores fundamentales que promueven, habría indignación total. Al individuo lo confrontarían y le pedirían cuentas.

Mira otra vez Hebreos 12:15. "Mirad bien, no sea que alguno deje de alcanzar la gracia de Dios; que brotando alguna raíz de amargura, os estorbe, y por ella muchos sean contaminados". Como comunidad que adoptamos la gracia extravagante, hacemos todo lo posible por asegurarnos de que nadie deje de alcanzarla. Y cuando en nuestra comunidad alguien que ha recibido la gracia se niega a ofrecerla, simplemente no pasamos por alto el incidente.

Temo que esto es lo que ha ocurrido durante años a mucha gente en la Iglesia. De algún modo y por alguna razón, han perdido la gracia de Dios, y una raíz de amargura ha comenzado a brotar. Eso es lo que sucede cuando hablamos acerca de Dios y dejamos fuera la gracia: se crea una raíz de amargura. En un capítulo anterior, señalé que en la cultura hebrea a cualquier planta venenosa se la denominaba planta "amarga". Esta metáfora no tan sutil señala que un cristiano o una iglesia que no alcanza la gracia son *venenosos*. Una raíz puede ser pequeña y crecer lentamente, pero es peligrosa y puede contaminar a muchos si lleva veneno.

Levanta la mano

No hace mucho tiempo, navegaba en Facebook y me topé con la página de una mujer que estuvo un par de años por delante de mí en el colegio. Hay un lugar en Facebook donde hablas de ti. Allí puedes poner tu película, orquesta o cita favorita, o cualquier cosa. Ella había citado de Gandhi: "Me gusta tu Cristo. No me gustan tus cristianos. Tus cristianos son muy diferentes de tu Cristo". Leer eso me trajo un recuerdo de cuando yo tenía quince años de edad. Ella probablemente tendría diecisiete e iba a la misma iglesia que yo. Esta era una iglesia pequeña en un pueblo pequeño, de modo que cuando la joven resultó embarazada, la noticia no tardó en propagarse. La muchacha intentó seguir yendo a la iglesia, pero cuando empezó a aparecer, algunos de los padres se quejaron de que la situación era incómoda para sus hijos, que en realidad no debían ser expuestos a eso en la iglesia. La joven no tardó mucho tiempo en captar el mensaje. *Ya no era bienvenida en la iglesia.* Y una raíz de amargura empezó a brotar.

Los padres en esa iglesia se sintieron ofendidos tanto por el pecado como por la necesidad de gracia de la joven, pero el verdadero agravio en esa iglesia fue la falta de disposición de esas personas para otorgar gracia. Te daré un ejemplo de cómo debió haber respondido la iglesia.

Una vez oí a un pastor llamado Jean Larroux hablar respecto a hacer alguna obra con un ministerio denominado Amor en Acción, que atiende a personas atrapadas en adicción sexual.[3] Jean contó que asistió a una de las reuniones de grupo. Nunca había estado en algo así y no sabía qué esperar. Encontró reunido allí un grupo grande de hombres. Uno de ellos pasó al frente a contar su historia; cuando conducía del trabajo a casa, pasó por un club nocturno para adultos.

---

3. Jean Larroux, "Why Bad People Make Good Missionaries", sermón pronunciado en la Iglesia Presbiteriana Coral Ridge, en septiembre de 2014.

"Yo realmente quería detenerme", confesó.

Cuando dijo esto, un montón de manos se levantó. Jean no sabía qué estaba ocurriendo, y pensó: *¿Quién haría una pregunta durante una historia como esta?*

"Yo no quería… pero entré al estacionamiento y al local", el hombre continuó su historia.

Algunos de los individuos en la audiencia volvieron a levantar las manos.

"Pasé allí la noche —siguió narrando el orador, y entonces confesó algo de lo que hizo, y una vez más algunas manos se levantaron—. Cuando salí, me sentí muy avergonzado. No creía que Dios pudiera amarme".

En este momento, casi todas las manos en la audiencia se levantaron, excepto la de Jean. Él no podía imaginar sobre qué serían todas las preguntas que deseaban hacer, y en realidad por qué no se hacía ni se respondía ninguna de esas inquietudes.

Después el director se detuvo para hablar con Larroux.

—Pareces preocupado —declaró.

—Estoy preocupado —admitió Jean—. ¿Por qué tantas preguntas? ¿Y por qué nadie trató de contestarlas?

—Oh, no comprendes —explicó el director—. En Amor en Acción tenemos una regla: Nunca luchas solo. Por tanto, si alguna vez has batallado con lo mismo que alguien más está confesando, tienes que levantar la mano.

Eso debería suceder en las iglesias, así nadie dejaría de alcanzar la gracia de Dios. *Los demás necesitan que levantemos la mano, no que señalemos con el dedo.* Necesitan oír: "Yo también estoy destrozado". Esa es la única respuesta que tiene sentido en una comunidad de gracia llena de personas que tienen que confiar en el perdón para poder ingresar. Me doy cuenta de que puede parecer fuera de lugar pedir indignación en un libro acerca de la gracia, pero la indignación es apropiada cuando alguien viola el valor fundamental de una comunidad.

Algunos se sintieron dolidos debido a alguien en la comunidad que quería recibir gracia del Maestro, pero se negaba a concederla. Por eso, para quienes han crecido en una comunidad que violó este valor fundamental, quiero tomar un momento en nombre de la comunidad para pedir perdón. En realidad aquí tengo una lista, si me tienes paciencia:

- A la jovencita embarazada que se graduó algunos años antes que yo: Lo siento.
- Al hombre que le dijeron que no se le permitía ser parte de la comunicad, porque era divorciado: Lo siento.
- Al exconvicto que confesó sus errores pasados y le dijeron que ya no era bienvenido: Lo siento.
- A la mujer de la industria del cine para adultos que se volvió parte de la comunidad porque necesitaba un abrazo, pero en cambio recibió miradas de juicio: Lo siento.
- Al adicto que finalmente fue sincero respecto a su adicción, pero que en vez de ayuda le brindaron vergüenza: Lo siento.
- A...

Cuando alguien en nuestra comunidad quiere recibir gracia del Maestro, pero se niega incluso a tratar de ofrecer gracia a alguien que lo ha herido, la comunidad debería enojarse y entristecerse.

La nueva ecuación

Y así, el amo averigua que este tipo que había recibido gracia increíble se negó a concederla.

Entonces, llamándole su señor, le dijo: Siervo malvado, toda aquella deuda te perdoné, porque me rogaste. ¿No debías tú también tener misericordia de tu consiervo, como yo tuve misericordia de ti? Entonces su señor, enojado, le entregó a los verdugos, hasta que pagase todo lo que le debía (Mt. 18:32-34).

Creo que esa cancelación tardará mucho. ¿Cuánto tiempo le tomará al sujeto ganar ciento cincuenta millones de dólares en la cárcel? ¿Qué tal... solo estoy suponiendo... por siempre? Él *nunca* va a pagar. Va a pasar el resto de su existencia en una celda, preso por su falta de voluntad para conceder gracia, encadenado por la culpa abrumadora de lo que ha hecho. ¿Sabes cómo se llama eso? Infierno.

A menudo cuando Jesús narra una parábola, la conclusión es un poco vaga. A veces se la deja a las personas, motivándolas a reflexionar en el significado y las consecuencias. En ocasiones es un poco ambigua, pero no aquí. Jesús concluye esta parábola con esta advertencia:

Así también mi Padre celestial hará con vosotros si no perdonáis de todo corazón cada uno a su hermano sus ofensas (v. 35).

Sé que algunas personas inmediatamente rechazan eso. "¿Qué? ¿Estás diciéndome que si no perdono a quien me ha herido, maltratado, traicionado, engañado, abandonado, Dios no me perdonará?" No, *yo* no estoy diciendo eso. Solo estoy diciendo lo que Jesús enseñó.

Esta no fue la única vez que Jesús emitió tal advertencia. En Mateo 6:14-15 declaró: "Si perdonáis a los hombres sus ofensas, os perdonará también a vosotros vuestro Padre celestial; mas si no perdonáis a los hombres sus ofensas, tampoco vuestro Padre os perdonará vuestras ofensas".

Jesús clarificó que no puedes recibir la gracia de Dios y luego negarte a otorgarla a otros. Si Dios ha perdonado tus pecados, no puedes seguir llevando un registro de los pecados ajenos. Si lo haces, si te aferras a la amargura, tu dolor se convertirá en odio. Esto te envenenará, y la infección se propagará. Lo que se insinúa aquí, de manera no tan sutil, es que la situación puede llevarte a perder por completo la gracia. Por tanto, en lugar de aferrarte a la amargura de lo que te han hecho, detenla, comprende que no te causa alegría y deshazte de ella.

Sé que no es sencillo. Se trata de un viaje, pero este empieza con disposición para dar el primer paso.

Sé que no es justo. Esa persona te hirió. Te debe algo. Quizá te debe una infancia. O un matrimonio. O mucho dinero. O al menos una explicación.

No es justo que olvides el asunto. Se trata de la *gracia*. Y nunca se te pedirá que des más gracia de la que ya has recibido. Eso es lo que aprendemos en esta parábola.

Jesús contesta la ecuación de Pedro con una ecuación propia. La ecuación de Jesús se ve así:

$$\$150.000.000 > \$20$$

Es decir, la gracia que has recibido es más grande que la gracia que se te pide que brindes.

Espero que no pienses que estoy minimizando la ofensa que tienes que perdonar. No es así. Comprendo que te podrían haber hecho cosas horribles. Mi corazón se destroza tratando de imaginar lo que te ha sucedido. No estoy restándole importancia. Estoy diciendo que mientras más entiendas la santidad de Dios y más entiendas sobre ti mismo, más comprenderás cuán cierto es esto.

Cuando el evangelio penetra, cambia tus ecuaciones.

No lo llames gracia

De niño me enseñaron que si yo lastimaba a alguien, si era irrespetuoso o desobediente, mi trabajo era "arreglar las cosas".

Debía decir o hacer algo para estar bien con esa persona. Esta es una buena lección para enseñar a los niños. Pero se convirtió en un enfoque antibíblico del perdón y la gracia, porque llegué a esta conclusión: cuando alguien me lastima, se produce perdón si la persona que me lastimó arregla las cosas. Si dice o hace algo para enderezar la situación, la perdonaré. El problema es que esto *no* es gracia.

Además, ¿qué haces cuando te han herido tanto que nada puede decirse o hacerse para arreglar la situación? ¿Qué haces entonces? Sabes exactamente lo que quiero decir. Te han ofendido tanto que estás dolorosamente consciente de que no hay nada que la persona pueda decir o hacer para arreglar las cosas.

Esa es exactamente la posición en que te hallabas delante de Dios cuando te extendió su gracia por medio de Jesús. No podías hacer nada. No podías decir nada. Cuando no había ninguna posibilidad de que arreglaras la situación, Dios entregó a su único Hijo.

Jesús dijo que el amo *perdonó* la deuda. No simplemente renegoció la deuda ni se olvidó de los intereses, sino que la borró por completo. Eso es lo que Dios ha hecho por nosotros. No es algo que ganamos. Cuando haces que la gracia dependa de las acciones de quien te ofendió, debes encontrar una palabra diferente, porque no se trata de *gracia*. Con gracia, la persona no tiene que arreglar las consecuencias de su pecado; *tú* asumes las consecuencias de su pecado. Eso no es justo. No es correcto. Pero es exactamente lo que Jesús hizo por ti.

Por ti > A ti

Por tanto, ¿estás dispuesto, al menos, a abrir la puerta del clóset y mirar adentro? No es necesario, pero ¿cuál es la alternativa? Puedes dejar que la raíz de amargura siga creciendo. Puedes seguir intentando dañar a esa persona igual que te perjudicó. Puedes seguir haciéndole pagar cada centavo que debe. Pero en última instancia, eres el único que pagará el precio por negarte a perdonar.

En esta historia, el siervo al que le perdonaron una deuda de ciento cincuenta millones de dólares se negó a perdonar la deuda del tipo que le debía veinte dólares, y lo hizo encarcelar. Lo más interesante es que, en el mundo antiguo, la persona que habría pagado para que ese individuo fuera encarcelado habría sido... ¿estás listo para esto? La persona a quien se le debía el dinero. En lugar de perdonar la deuda de veinte dólares, el acreedor pagó por el tipo que iba a ser castigado. No solo que negarse a perdonar no le hizo recuperar lo que le debían, sino que terminó costándole aún más. Así funcionaba entonces.

Y es así como *aún* funciona el asunto. Si te niegas a perdonar y mantienes a quien pecó contra ti encerrado en la prisión de tu amargura, ¿quién crees que está pagando? Tú. Eres quien pierde el sueño. Eres al que le duele el estómago. Eres aquel cuyas relaciones están infectadas por la amargura. Eres aquel cuyo clóset es un desastre.

> *Deja de pensar en lo que te han hecho y empieza a pensar en lo que se ha hecho por ti.*

El amo ha cancelado nuestra deuda, y es hora de que dejemos fluir esa gracia. No es fácil, pero con Dios es posible. He aquí lo que deseo pedirte para empezar: deja de pensar en lo que te han hecho y empieza a pensar en lo que se ha hecho *por* ti.

Cada vez que se active el dolor por lo que te han hecho, empieza a pensar de modo intencional en lo que Dios ha hecho *por* ti, porque lo que se ha hecho por ti es más grande que lo que te han hecho.

Más liberadora que tu amargura

¿Qué tan difícil es pulsar un botón en el lavavajillas? Mi voto es "no mucho", pero eso no es lo importante. Lo que hace irónico todo el asunto es que estaba en plena redacción de un sermón sobre la "felicidad". Paso a explicar.

Mi esposa y yo estábamos en la playa de Destin, Florida... sin los niños. Una receta de la felicidad, si la hubiera. Pablo escribió acerca de encontrar gozo y contentamiento en Dios desde una celda de prisión; yo escribo acerca de lo mismo desde la playa. Pero en mi defensa, era una playa abarrotada. Alquilamos un apartamento por cuatro días y teníamos que salir a las diez de la mañana del viernes. Antes de salir, se le pide al inquilino que haga algunas cosas: quitar las sábanas de la cama, poner todas las toallas en el pasillo, sacar la basura y cargar y encender el lavavajillas. Mi esposa me asignó la tarea del lavavajillas. Cerca de cinco minutos después de las diez, un hombre y un par de mujeres entraron al departamento.

—Ummm, estamos aquí para limpiar —dijeron al verme—. Se supone que ustedes debieron salir de aquí a las diez.

Me disculpé, les agradecí y les dije que ya estábamos saliendo. Agarramos nuestras cosas y bajamos desde el tercer piso hasta el auto. Justo antes de abrirlo, el tipo salió de nuestra alcoba y nos gritó hacia abajo en el estacionamiento.

—¡Mira! Muchas gracias por encender el lavavajillas. Solo se te pide que hagas algunas <BIP> cosas, ¿y no te atreviste a pulsar el <BIP> botón?

Yo acababa de terminar un sermón en que explicaba que, como tenemos a Dios, no debemos permitir que nuestras circunstancias nos roben el gozo. Así que podrías creer que yo respondería con humildad.

Te habrías equivocado. En cambio pensé: *Ah, ¿quieres que reaccione exageradamente y sea sarcástico? Yo puedo usar ese lenguaje.*

—Siento mucho que hayas tenido que pulsar ese botón —le grité—. Estoy seguro de que debió haber sido agotador.

Entonces reí con aire despreciativo. Él volvió a gritarme, con algunas palabras más elegidas, y le devolví los gritos. Para entonces, mi esposa estaba en el auto con la puerta cerrada. Finalmente, se fue furioso y todavía gritando. Lo último que oí es que me llamaba "bueno para nada <BIP> de <BIP>".

Entré al auto y cerré con fuerza la puerta.

En este momento, debí haber controlado la situación, reflexionar un poco y darme cuenta de que yo no estaba echando chispas de gozo, y luego calmarme. Debí haber pensado: *Debes estar siempre gozoso.* Debí haber recordado que el *amor todo lo espera, todo lo soporta.* Debí haber puesto el auto en marcha y haber salido mientras me reía de todo el asunto. Eso es lo que debí haber hecho.

Eso *no* es lo que hice. Me quedé allí furioso por cómo me habían irrespetado.

—Vámonos —le oí decir a mi esposa.

Debí haber hecho caso, pero esta es una mujer que pagó dinero verdadero por *La magia del orden*.

—Ah, no —objeté—. Ese tipo tiene que oír una dura verdad. Bajé del auto, pero antes que pudiera cerrar la puerta, oí que mi esposa me volvía a hablar.

—Haz una rápida oración mientras vas —pidió.

Empecé a subir los tres tramos de escaleras para confrontar al señor "no puedes pulsar el botón del lavavajillas en el apartamento, pero tienes mucha energía para gritarme desde el balcón del tercer piso". Después del primer tramo de escaleras, me sentí culpable y avergonzado.[1] En el segundo piso, estaba diciéndole a Dios que lo sentía, y casi al instante me indicó que yo debía disculparme y darle al hombre una propina por su trabajo extra. Abrí mi billetera, y lo único que tenía era un billete de cien dólares. Pensé: *Bueno, al parecer darle al hombre una propina no es lo que Dios quiere que yo haga.*

Entré al apartamento, y apenas el sujeto me vio, comenzó a gritar de nuevo. Pude oír una voz dentro de mí diciendo: *¡Una vuelta más!* Pero a pesar de eso, pensé que yo no tenía ganas de hacer eso.

—Quiero disculparme —declaré—. Estoy seguro de que es frustrante entrar y limpiar después que alguien no ha hecho las cosas pequeñas. Lo siento. Quiero darle esto por el trabajo extra que tuvo que hacer y como una manera de agradecerle.

Le extendí el billete de cien dólares. Casi inmediatamente los ojos se le llenaron de lágrimas.

—Bueno, yo no estaba esperando eso —expresó y comenzó a disculparse.

Ahora mis ojos se llenaron de lágrimas. Creo que ambos queríamos abrazarnos, pero en vez de eso nos dimos la mano.

Volví a bajar las escaleras, sin sentirme orgulloso de ese momento, sino quebrantado por haber reaccionado del modo que lo hice, y preguntándome en cuántos momentos similares había

---

1. Si el apartamento hubiera estado en la planta baja, eso nunca hubiera pasado. Gracias, Dios, por las escaleras.

perdido la gracia a causa de mi orgullo. Comencé a arrepentirme de mi pecado delante de Dios. ¿Cuántas veces había querido Dios que yo mostrara gracia y humildad, pero fui demasiado arrogante e hipócrita? Abrí la puerta del auto y me senté. Estaba llorando. Bueno, no llorando, solo con los ojos llenos de lágrimas.

—¿Qué pasó? —preguntó mi esposa.

Se lo conté.

—Oh, qué lindo —exclamó ella sonriendo y dándome palmaditas en la pierna—. Estás creciendo.

Esa era su manera juguetona de hacerme saber que estaba orgullosa de mí, pero la verdad es que cuando se trata de extender gracia por las cosas pequeñas, debí haber crecido hace mucho tiempo.

Crezcamos

En Efesios 4, Pablo escribe acerca de que la iglesia (el "cuerpo de Cristo") se estaba edificando (v. 12). Afirma que debemos madurar "a la medida de la estatura de la plenitud de Cristo" (v. 13). El apóstol declara: "Para que ya no seamos niños fluctuantes", y que en cambio "crezcamos en todo" y recibamos nuestro "crecimiento" (vv. 14-16).

En este capítulo de la Biblia, que trata acerca del crecimiento y de llevar una vida "como es digno de la vocación con que [fuimos] llamados" (v. 1), encontramos que la aplicación principal es deshacernos de la amargura y perdonar.

Airaos, pero no pequéis; no se ponga el sol sobre vuestro enojo, ni deis lugar al diablo (vv. 26-27).

Y no contristéis al Espíritu Santo de Dios, con el cual fuisteis sellados para el día de la redención. Quítense de vosotros toda amargura, enojo, ira, gritería y maledicencia, y toda malicia. Antes sed benignos unos con otros, misericordiosos, perdonándoos unos a otros, como Dios también os perdonó a vosotros en Cristo (vv. 30-32).

¿Por qué cuando se nos instruye que crezcamos y maduremos en Cristo, se pone énfasis en brindar gracia y perdón? Creo que se debe a que *nunca somos más semejantes a Dios que cuando perdonamos*. Aquí en Efesios 4, y en toda la Biblia, vemos una relación directa entre la gracia que Dios nos da por medio de Jesús y la gracia que debemos brindarnos unos a otros. Espiritualmente hablando, aprender a perdonar es crecer.

En el capítulo anterior, vimos que el primer paso en el viaje de brindar gracia es una disposición para perdonar porque has recibido perdón. Estos tres capítulos siguientes establecerán tres importantes indicadores en este viaje de conceder gracia.

En este capítulo, nos centraremos en liberar delante de Dios nuestros sentimientos de enojo, amargura y rabia. En el capítulo siguiente, asignaremos un nombre y un rostro a esos sentimientos, y seremos retados a liberar delante de Dios a la persona que nos ha hecho daño. Luego en el capítulo final de esta sección, el capítulo 7, abordaremos la posibilidad de reconciliación. Esto no siempre es posible y en ocasiones no es apropiado, pero cuando el perdón da lugar a la reconciliación, refleja más exactamente la gracia de Dios y el perdón hacia nosotros.

> *Cuando el perdón da lugar a la reconciliación, refleja más exactamente la gracia de Dios y el perdón hacia nosotros.*

Nuestras emociones pueden inmovilizarnos, derribarnos y conseguir una manera de asfixiar nuestra disposición para perdonar. Son obstáculos que nos impiden avanzar con el perdón.

Es hora de crecer y hacer lo que no sentimos hacer. En lugar de hacer que este viaje dependa de nuestras emociones, o confiar en nuestra propia determinación, debemos pedir al Espíritu Santo que nos ayude a limpiar nuestros clósets y finalmente deshacernos de la ira y la amargura que hemos amontonado y que nos impide progresar.

Tendemos a tratar con nuestra ira en una de tres formas.

1. Reprimir

Comencé a pensar en las heridas que recibimos en la vida y pedí a algunos de mis amigos de Facebook que me ayudaran. Les pedí que me hablaran respecto a algo que experimentaron y que les fue difícil perdonar.

Mientras leía, me sorprendió cuán a menudo había respuestas como: "Nunca antes le había contado esto a alguien" o "He estado cargando este peso por demasiado tiempo".

Muy a menudo, esta es la forma en que tratamos con nuestras heridas. En lugar de rendirlas a Dios, las empujamos hacia abajo e intentamos reprimir nuestra ira. Creemos que estamos tratando exitosamente con nuestros sentimientos al impedir que salgan. La definición de *reprimir* es "suprimir algo por la fuerza". Así que hay algo que quiere salir a la superficie, pero está contenido.

Probablemente, a muchos nos enseñaron a lidiar de este modo con nuestras emociones. No dejamos que nadie las vea. Las metemos a un clóset y cerramos la puerta. El problema es que cuando reprimimos emociones, estas no desaparecen, se vuelven tóxicas.

¿Has visto alguna vez *Pesca mortal*? Antes de ver este programa televisivo, no podía entender por qué el cangrejo real de Alaska costaba tanto. Ahora lo sé. Los pescadores de cangrejo en el mar de Bering permanecen despiertos noche tras noche, luchando contra olas de quince metros y condiciones gélidas para llenar contenedores de cangrejos de trescientos kilos, con la esperanza de poner una cena costosa en tu plato en el Red Lobster[2] de la localidad.

Si has visto el programa, sabes que hay muchas heridas y ningún médico. Resulta que el mar de Bering es un caldo de cultivo no solo para cangrejos, sino también para infecciones. En un episodio, el novato John Walczyk se lastima la mano. Sus preocupados compañeros de viaje no hacen nada por él aparte de llamarlo mariposón y darle dificultades. Pronto la mano se le infecta. Si tienes un estómago fuerte, puedes revisarlo en línea. Si no, lo describiré de este modo: el dorso de la mano y el dedo medio eran de un color rosa fuerte, y estaban hinchados como un globo de agua. Un globo de agua no lleno de agua, sino de pus, que emana de una cortada en la parte trasera del dedo. Llaman una enfermera para verlo, quien de inmediato le dice a John que vaya a ver un médico. La herida debe abrirse, limpiarse y luego cerrarse para que pueda curar.

Nunca he realizado pesca de cangrejos en el mar de Bering y no gastaría dinero en comer cangrejos de ese lugar. Pero como pastor he sido llamado a hablar a incontables personas que han sido profundamente heridas y que han vivido mucho tiempo con una grave infección. Con frecuencia descubro que la persona fue herida a principios de su vida, pero como hizo caso omiso a sus emociones, la sanidad no pudo llevarse a cabo. La infección de amargura se estableció y, como no fue tratada, se extendió.

En cada una de estas conversaciones, pienso en el versículo al que seguimos volviendo: "Tengan cuidado. No vayan a perderse la gracia de Dios; no dejen brotar ninguna raíz de amargura, pues podría estorbarles y hacer que muchos se contaminen con ella" (He. 12:15, RVC). Reprimir la ira lleva a amargura, que puede

---

2. N. del T.: Se trata de una cadena de restaurantes cuya especialidad es el pescado.

conducir a perder la gracia de Dios. Si hay alguna esperanza de sanar, debemos dejar de reprimir nuestros sentimientos, sujetarlos y examinarlos uno por uno, y decidir si queremos conservarlos o deshacernos de ellos.

¿Cómo podemos saber si hemos reprimido enojo o amargura, de heridas que nos han provocado? Busquemos estas señales de advertencia.

Una señal es *enojarnos desproporcionalmente por cosas pequeñas*. El enojo que hemos permitido que se amontone en nuestro clóset finalmente derriba la puerta y empieza a derramarse. Ahora sentimos irritación e ira por cosas pequeñas. Tanto nosotros como quienes nos rodean ven nuestra irritabilidad constante o nuestros arrebatos de ira, y entonces pensamos: *¿De dónde vino eso?*

Es el individuo en el hotel que espera el ascensor que no llega con suficiente rapidez. Así que violentamente pulsa el botón mientras el rostro se le enrojece cada vez más. Empieza a exigir: "¿Dónde está el ascensor?". A menudo este tipo no solo se enoja con el ascensor. Hay algo bajo la superficie, y es aquello que está suprimiendo su enojo, que saldrá con el tiempo. Tal vez hayas experimentado esto. Alguien te corta el paso en el tráfico, y enojo desproporcionado sale de ti. O te encuentras gritándole a tu hijo por una bebida derramada. Mucha ira por nimiedades puede revelar amargura reprimida que se ha vuelto tóxica y brota.

Otro indicador es *quejarnos por todo*. Las personas que reprimen resentimiento por heridas recibidas tienden a ver todo a través de lentes negativos. Se quejan constantemente de profesores, compañeros de trabajo, vecinos, parientes, sirvientes y otros conductores. Pueden encontrar lo negativo en todo. En lugar de ver el mundo a través de los lentes de la gracia, lo ven a través de los lentes de la amargura. Esto puede terminar definiéndolos, y ese tipo de negatividad tiene una forma de volverse autorrealizable.

Otra señal de que hemos represado ira es *ser demasiado sensibles y defensivos.* Es más, podrías estar sintiéndote un poco defensivo ahora mismo leyendo este capítulo. *Un momento, parece como si estuvieras describiéndome. ¡Pero no soy demasiado sensible y defensivo!* Precisamente…

Podrías decir: "No soy demasiado sensible y defensivo. Lo sé, porque nadie me ha dicho que lo soy". ¿Sabes por qué nadie te ha dicho jamás que eres demasiado sensible y defensivo? Porque eres demasiado sensible y defensivo. No quieren decírtelo, porque no quieren que te vuelvas iracundo. Así que hacen lo posible por evitarte.

Tus compañeros de trabajo pasan rápidamente por tu oficina y fingen estar hablando por sus celulares. Tus hijos llegan de la escuela y pasan la tarde en sus dormitorios con la esperanza de no hacerte explotar. Tu esposa se acurruca en posición fetal en un rincón de la casa con la esperanza de pasar inadvertida, asustada de que llegues a explotar.

Puedes creer que has mantenido estas emociones encerradas en el clóset, pero si descubres que te molestas desproporcionadamente y que tienes la tendencia a quejarte, o que respondes de forma defensiva, entonces es posible que esa amargura, ira y rabia estén derramándose.

2. Revivir

¿Has guardado alguna vez una película favorita en tu DVR[3] para poder verla una y otra vez? Quizá ves *Elf* cada época navideña, o *Hoosiers* cada temporada de básquetbol, o *La venganza de los nerds* cada… ¿período de *nerds*?

Lo que de modo intencional hacemos con nuestras películas

---

3. O para mis lectores mayores de cuarenta, "guardaste un DVD"; para los mayores de cincuenta, "un VHS"; para los mayores de sesenta años, "unas diapositivas".

favoritas, a menudo, lo hacemos de forma involuntaria con nuestros recuerdos menos favoritos. Guardamos el momento de traición, las palabras detestables o el trato injusto y lo dejamos listo para volver a revivirlo. No reprimes lo que te sucedió, lo repasas. Lo reproduces. Una y otra vez. Lo cual convierte tu herida en resentimiento. Crees que si no lo haces, dejas que la persona se salga con la suya, pero en realidad permites que te siga haciendo daño. Arrancar la costra y ver cómo la herida sangra otra vez detiene cualquier curación que pudo haber empezado.

Recuerda lo que Pablo escribió en Efesios 4:26-27: "Airaos, pero no pequéis; no se ponga el sol sobre vuestro enojo, ni deis lugar al diablo". La ira que conservamos da al diablo un lugar en nuestras vidas. La palabra *lugar* refleja la idea de una oportunidad. Otra manera de pensar en ello es: "No des al diablo una base de operaciones". La idea es que al reprimir o repasar la ira, le damos al diablo un lugar para establecer un campamento base desde donde puede llevar a cabo sus misiones. La ira no resuelta es una puerta abierta que el diablo puede atravesar y utilizar para obtener acceso al resto de las habitaciones de nuestra casa.

Con el enojo crónico se relaciona toda clase de problemas de salud, como enfermedades cardíacas, accidentes cerebrovasculares, presión arterial, artritis, insomnio, problemas gastrointestinales, úlceras, lupus, problemas de piel y trastornos de sueño. La amargura puede crear nuevas complicaciones de salud o exacerbar las existentes. La verdad es que estas emociones no solo interfieren con nuestras mentes, sino que, en realidad, pueden amenazar nuestras vidas. Se ha dicho que no perdonar a alguien es como tomar veneno y esperar que la otra persona muera, y eso podría ser más cierto de lo que creemos.

Un artículo en el *New York Times* declaró: "Investigadores han reunido gran cantidad de datos que sugieren en gran medida que la ira crónica es tan dañina para el cuerpo que iguala, o incluso supera, al tabaquismo, la obesidad y a una dieta alta en grasa, como un poderoso factor de riesgo en cada muerte temprana".[4] Un estudio en la universidad de Michigan examinó a un grupo de mujeres para determinar cuáles estaban albergando amargura a largo plazo. Luego todas ellas fueron rastreadas durante dieciocho años, y el resultado fue sorprendente: las mujeres con ira reprimida tenían tres veces más probabilidades de haber muerto durante el estudio que las que no tenían esa clase de hostilidad amarga.[5]

La ira revivida también puede llevar a problemas relacionales. La amargura puede destruir cualquier posibilidad que tengamos de intimidad en el matrimonio. Nuestra ira no resuelta hacia un padre puede ocasionarnos enojo inmerecido hacia nuestro cónyuge, o la ira hacia nuestro cónyuge puede llevar a ira inmerecida en nuestro trabajo. A esto se denomina *transferencia*. Creo que el diablo concibió la transferencia. Le gusta usar nuestra ira para crear estragos en nuestras relaciones. O puede que no se trate de ira inmerecida, sino que simplemente no tienes la energía emocional que necesitas para tus relaciones, porque la drenaste toda para alimentar tu resentimiento hacia alguien que ya no es parte de tu vida.

La ira revivida también produce daño espiritual. En el pasaje de Efesios respecto a no pecar en nuestra ira y a deshacernos de nuestra amargura, se nos advierte: "No contristéis al Espíritu Santo de Dios" (4:30). ¿Por qué la ira en nuestros corazones contristaría al Espíritu Santo? Porque nuestros corazones es su hogar.

Esta mañana mi esposa me llamó angustiada. Al parecer encontró excremento de ratón en la despensa. Ella no les tiene miedo a los ratones. Al contrario, creo que los ratones le tienen

4. Natalie Angier, "If Anger Ruins Your Day, It Can Shrink Your Life", *New York Times*, 13 de diciembre de 1990, http://www.nytimes.com/1990/12/13/health/if-anger-ruins-your-day-it-can-shrink-your-life.html?pagewanted=all.

5. Natalie Angier, "Chronic Anger May Lead to Early Death", *Chicago Tribune*, 20 de diciembre de 1990, http://articles.chicagotribune.com/1990-12-20/news/9004150151_1_chronic-anger-early-mortality-hostile.

miedo a mi esposa. Estos ratones sin duda rápidamente se dieron cuenta de que tenían la dirección equivocada. Pero alguien cuya lectura recreacional incluye libros como *La magia del orden* va a tener un problema con excremento de ratón. Bueno, para mi esposa no habría sido traumatizante encontrar excremento de ratón en tu despensa. Ella estaba apesadumbrada —y esa no es una palabra demasiado fuerte—, porque había excremento de ratón en *su* despensa.

El Espíritu Santo ha hecho su hogar en nuestro corazón. Está esforzándose por ayudarnos a crecer. Lucha por cultivar su fruto en nuestras vidas. Gálatas 5 nos dice el tipo de fruto que el Espíritu Santo quiere plantar en nuestros corazones: amor, gozo, paz, paciencia, benignidad, bondad, fe, mansedumbre y templanza (vv. 22-23). Pero si nos mantenemos reviviendo la ira, las malas hierbas de la amargura y la rabia empiezan a crecer y a ahogar el fruto que el Espíritu Santo quiere producir en nosotros.

3. Soltar

Sé que a primera vista la instrucción de Pablo, "quítense" (Ef. 4:31), no parece útil. Es evidente que si solo fuera asunto de quitar, lo habríamos hecho hace mucho tiempo. No creo que Pablo esté tratando de ser despectivo o simplista, sino que más bien quiere que entendamos que esta es la única opción.

Podemos reprimir o revivir nuestro enojo, o podemos tomar la tercera alternativa: liberarlo. Ahondaremos más en esto en el próximo capítulo, pero por ahora te aseguro que liberar la ira no le resta importancia a lo que te sucedió. No disminuye la seriedad del agravio o la severidad de tu dolor. Decir "libera la ira" puede parecer simple, pero liberarla es algo sumamente difícil.[6] Podría, incluso, ser imposible hacerlo por tu cuenta.

---

6. Igual que mi esposa diciéndome que suelte el control remoto. No es que no quiera hacerlo, es que físicamente soy incapaz.

Si yo estuviera ahora al otro lado de la mesa y estuviéramos teniendo esta conversación, este quizá sería el momento en que me mirarías con la mandíbula y los dientes apretados, y me dirías que no sé de qué estoy hablando, porque no tengo idea de aquello por lo que has tenido que pasar. Decir "libera la ira" parece bien como un concepto general para tratar con esa ira, pero cuando se aplica a la situación específica de alguien, es fácil descartarla como algo simplista y poco realista.

Así que veamos un caso de estudio en la Biblia: un hombre llamado Esteban que era líder de la iglesia primitiva en una época en que había mucha oposición a hablar de Jesús. En Hechos 7, Esteban le habla a una gran multitud respecto a quién es Jesús y qué hizo por sus oyentes. He aquí cómo reaccionaron:

> Dando grandes voces, se taparon los oídos, y arremetieron a una contra él. Y echándole fuera de la ciudad, le apedrearon; y los testigos pusieron sus ropas a los pies de un joven que se llamaba Saulo (vv. 57-58).

¿Cómo reaccionarías si un grupo de personas llenas de odio empezaran a lanzarte piedras, sabiendo que seguirán haciéndolo hasta matarte? He aquí lo que Esteban hizo:

> Apedreaban a Esteban, mientras él invocaba y decía: Señor Jesús, recibe mi espíritu. Y puesto de rodillas, clamó a gran voz: Señor, no les tomes en cuenta este pecado. Y habiendo dicho esto, durmió (vv. 59-60).

Esteban oró pidiendo que sus asesinos recibieran gracia y perdón de parte de Dios. ¿En dónde crees que aprendimos a orar de ese modo?

Cuando Jesús fue crucificado, oró desde la cruz por quienes estaban matándolo: "Padre, perdónalos, porque no saben lo que hacen" (Lc. 23:34). Jesús oró para que Dios ofreciera gracia y perdón a estos asesinos.

Me pregunto algunas cosas cuando leo todo esto. En primer lugar, me pregunto si Esteban estaba cerca de la cruz cuando Jesús murió y lo escuchó, o si quizá Juan le contó a Esteban lo que Jesús oró.

Segundo, me pregunto si tanto Jesús como Esteban oraron que Dios perdonara a sus asesinos, en vez de simplemente ofrecer perdón ellos mismos, porque en última instancia lo que más importa, lo que la gente más necesita, es el perdón de Dios, no el nuestro.

Tercero, me pregunto si tal vez Jesús, y especialmente Esteban, oraron que Dios perdonara a sus asesinos, porque en ese momento no tenían perdón para ofrecer. Aseguro que perdonar no es sencillo; es difícil y quizá hasta imposible por nuestra cuenta. Tal vez Esteban no pudo hacer acopio de gracia para decir a los hombres que estaban matándolo: "Los perdono", así que en vez de eso oró pidiendo que Dios lo hiciera, que es en realidad lo que de todos modos necesitaban estos asesinos.

Cuando vivimos en gracia, liberar no significa renunciar a la ira, sino entregarla a Dios. Cuando digo "libera la ira", no estoy sugiriendo que la abandones en algún abismo místico de malos sentimientos. No es que la sueltas al azar o de manera arbitraria. No, la entregas *a Dios*. Decides que Él cargue el peso de lo que te hicieron. Decides confiar en que Dios trate con la otra persona. Aflojas el asidero que el sufrimiento ha hecho en ti a causa de lo que te ocasionaron y lo colocas en las manos de Dios.

Orar es lo que hace posible el perdón, lo que hace posible lo imposible. Jesús y Esteban no miraron a sus asesinos a los ojos y dijeron: "Los perdono". Más bien levantaron la mirada al cielo y dijeron: "Dios, perdónalos". Tal vez si has luchado por perdonar, este podría ser un buen lugar dónde empezar. Quizá el primer paso no es ir ante la persona y decir: "Te perdono", sino orar y pedir a Dios que haga lo que tú no has podido hacer.

Mencioné que pedí a amigos de Facebook que contaran sus historias de cuando los hirieron. Muchas de esas narraciones me inspiraron. Al leer sus anécdotas, me sentí humillado por las muchas veces que me he aferrado fuertemente a mi ira y me he negado a entregarla a Dios. He aquí un comentario que espero te ayude a creer que puedes hacer esto:

Habíamos estado casados por casi trece años cuando la empresa de él nos trasladó a Baltimore, MD. Renuncié a mi familia, amigos, carrera e iglesia de más de veinte años...

Al llegar a Baltimore, supe que algo se sentía diferente... Cinco meses después de mudarnos, me enteré de que él había estado viendo pornografía en línea y que el problema se remontaba a varios meses antes y se había vuelto una adicción grave. De inmediato oré a Dios para que me diera las palabras, a fin de confrontarlo sin permitir que la ira y el dolor por esta traición se arraigaran en mí, pero la respuesta que mi esposo me dio fue insensible e indiferente. En los meses siguientes, yo aprendería que esta es una respuesta típica en un anoréxico sexual adicto al sexo. El problema era yo, porque él no tenía ninguno.

Busqué consejo, y asistimos a una conferencia matrimonial en Fin de Semana para Recordar, pero su corazón estaba endurecido.

Seis meses después, él me dejó y pidió el divorcio. Mientras más oraba, más me revelaba Dios lo destrozado que mi esposo estaba. Mientras más entendía yo ese destrozo, más fácil me era perdonarlo. Cuando clamé: "Renuncié a todo por él, y a él no le importó un comino", Dios susurró: *Sé exactamente cómo te sientes.* Mi esposo no solo estaba abandonándome; estaba huyendo de Dios. A lo largo del camino, me dijeron que su salvación debería ser más importante para mí que salvar nuestro matrimonio, así que comencé a orar en ese sentido.

Varios meses después de nuestra separación, supe de otra traición y mentira, así que lo llamé para confrontarlo. Oré pidiendo
que Dios me guiara en esa conversación y que mis palabras
honraran a Dios sobre todo lo demás. En lugar de confrontarlo,
me descubrí perdonándolo por lo que él estaba haciéndole a
mi vida...

Sigo orando que Dios acose a mi exesposo, y sé que llegará el
día en que realmente él pondrá a Jesús en el trono de su corazón.
Estoy libre de amargura e ira por la gracia de Dios.

Podrías estar pensando que el testimonio de esta mujer no es
demasiado dramático. Es más, algunas partes podrían parecer
conocidas, si no de nuestra propia vida, quizá entonces de la vida
de alguien que conozcas. Y el final no fue especialmente inspi-
rador. Ellos no volvieron a estar juntos. Él no se arrepintió de su
pecado ni enderezó las cosas con Dios. En muchas maneras, las
circunstancias de esta mujer no cambiaron; más bien, el dolor
que le fue infligido no solo continuó, sino que se intensificó. Y
sin embargo, ella se siente libre de amargura y enojo.

Lo que más me sorprende de la historia de esta amiga es
que ella menciona *cinco veces* haber orado por su marido infiel
en solo siete cortos párrafos. *La oración es lo que hace posible
el perdón.*

Ella ofrece perdón cuando él no ha hecho nada por merecerlo
y no se ha molestado en pedirlo. Este paso
de perdón no depende de que la persona
que te ha perjudicado haga o diga algo. Es
entre tú y Dios. Tú le dejas el dolor a Él. Si
esta mujer pudo hacerlo mientras su esposo
le destrozaba la vida, si Esteban pudo hacerlo mientras sus enemigos lo mataban a pedradas, y si Jesús pudo hacerlo mientras
lo clavaban a un madero, entonces tú también puedes hacerlo.

*La oración es lo
que hace posible
el perdón.*

Si le pides a Dios, Él te dará la gracia que necesitas. En oración entrégale tu ira y tu rabia. La oración es la válvula de liberación para tus sentimientos de amargura y enojo.

Más predominante
que tu venganza

Si estás en el ministerio, no les gustarás a algunas personas. En absoluto.

¿Quién se habría imaginado que podías meterte en dificultades al hablar incesantemente de que algunas personas estaban muy desesperadas por rechazar el hecho de haber clavado a Jesús a una cruz?

Esto es algo que no te dirán en el seminario ni que se incluye en las descripciones laborales de la iglesia, pero es cierto. Recibo mucho ánimo, y estoy agradecido por eso, pero también he tenido mi justa cuota de correo de odio. Hace unos años, recibí un correo electrónico especialmente cruel. Era de alguien de otro estado que escuchaba mis sermones en línea. Lo que me escribió cruzó la línea de la crítica áspera a odio. Sinceramente, lo que el sujeto escribió era tan extremo que me pareció un poco entretenido. Pensé que mi padre, quien también había pasado la mayor parte de su vida en el ministerio, también se reiría del correo y me ayudaría a mantener las cosas en perspectiva, por lo que se lo envié. Como diez minutos después, recibí un correo electrónico de papá. En realidad, me *reenvió* un correo... era la respuesta que él acababa de enviarle a la persona que me había escrito el correo lleno de odio. Papá, quien es uno de los hombres más amables y bondadosos que jamás podrías conocer, se encargó de enviar a este hombre un enérgico mensaje por correo electrónico en mi defensa. Aunque yo no se lo había pedido, papá me había defendido.

Al leer el correo electrónico de mi padre dirigido a este hombre, me avergoncé un poco. Como adulto, no necesariamente quería que papá viniera al parque infantil para hablar con uno de los chicos malos. Pero en retrospectiva, debí de haber esperado que él saliera rápido a defenderme y quisiera protegerme. Eso es lo que hace un padre amoroso.

Pero, ¿y si es algo personal?

Al mirar atrás, me doy cuenta de que realmente no fui ofendido por el correo electrónico lleno de odio, ya que no conocía a quien lo escribió. No me causó amargura y fue fácil perdonarlo, porque no tenía relación con esta persona. Sin embargo, ¿qué pasa cuando es algo personal? ¿Qué haces cuando intencionalmente alguien trata de dañarte, y es alguien que conoces, alguien con quien contabas, alguien en quien confiabas, alguien a quien amabas?

Seamos más específicos. ¿Cómo perdonar a estas personas?

Tu ex, que ha tratado de hacerte miserable la vida.
El vecino perverso que te ha hecho vivir una pesadilla en tu casa.
Tu mamá, que te gritaba constantemente y acabó contigo.

Tu padre, que parece totalmente ajeno a tu existencia. El amigo que te traicionó. Tu compañero de trabajo, que es cruel y manipulador. Tu cónyuge, que te engañó. El pariente que abusó de ti.

Por supuesto que estás dolido. Desde luego que estás enojado. Pero en la Biblia, Pablo nos dice: "Airaos, pero no pequéis; no se ponga el sol sobre vuestro enojo" (Ef. 4:26). Es natural enojarse; a veces incluso es adecuado. Pero cuando la ira se convierte en amargura, se vuelve tóxica. Debemos deshacernos de ella. Después de bastantes puestas de sol, tales sentimientos pueden volverse parte de ti. Lo que te hicieron empieza a conformar tu identidad. Lo que te dijeron comienza a definirte. Podemos encontrarnos prisioneros no por algo que hicimos en el pasado, sino por lo que alguien nos hizo.

No confundas simple con fácil. No hay nada fácil acerca de los pasos siguientes en este viaje de la gracia.

Por tanto, no es muy difícil, al menos en un nivel intelectual, que concordemos con la instrucción de Pablo de despojarnos de la ira y la amargura. Desde luego, esa es la decisión correcta. Si un médico te diagnostica cáncer, le dirías: "¡Elimínelo!". Si te niegas a conceder gracia, ten cuidado de que el tumor de la amargura no sufra mutación y se multiplique. Solo es cuestión de tiempo para que la ira arruine cada parte de tu vida.

En el capítulo anterior, hablamos de cómo debemos deshacernos de nuestra ira y amargura. Eso es parte del proceso de perdón, pero este debe ir más allá. Es más que solo tratar con tus sentimientos, es perdonar algo específico. Una cosa es liberar algunas emociones que están dañándote, y otra es liberar a la persona que te hizo daño. ¿Hay un nombre y un rostro que te venga a la mente?

Recuerda lo que hemos dicho: la gracia fluye. Esa es su naturaleza. *Si no fluye, no es gracia.* No podemos conservar la gracia de Dios para nosotros mismos y negarnos a concederla a alguien más. No obstante, prácticamente hablando, ¿cómo hacemos eso? ¿Dónde vamos a partir de aquí? ¿Cómo perdonamos realmente a alguien? Sé que estas respuestas podrían parecer ingenuas. Tal vez estés tentado a rechazarlas como demasiado simplistas. Pero no confundas simple con fácil. No hay nada fácil acerca de los pasos siguientes en este viaje de la gracia.

Reconócelo

A juzgar por estas palabras respecto a eliminar la ira y extender perdón y gracia, podrías preguntar si Pablo alguna vez debió vivir esto en la vida real. Es fácil comunicar temas que parecen piadosos en cuanto al perdón... si nunca has tenido que perdonar de veras a alguien. Tal vez, eso es lo que pasa con Pablo. Quizá él no sabe realmente de qué está hablando, porque nunca tuvo que perdonar. Es difícil tomar en serio a alguien así.

No, Pablo tuvo gente que intencionalmente le hizo daño. Él estaba en el otro extremo de algo más que solo un ocasional ataque escrito por correo electrónico. Existe una cantidad de ejemplos de personas que lo perjudicaron, pero hay dos que deseo señalar de manera especial.

Algunos de los libros que Pablo escribió en la Biblia fueron a iglesias. Por ejemplo, en los últimos capítulos, hemos estado mirando una carta que el apóstol escribió a la iglesia en la ciudad de Éfeso (actual Turquía), que se llama Efesios. Hay otros libros en el Nuevo Testamento que Pablo escribió a líderes específicos de iglesias. A veces es útil comparar una carta que él escribió a una iglesia, con otra que escribió al líder de esa iglesia. En este caso, 1 y 2 Timoteo son las epístolas que Pablo escribió al líder de la iglesia en Éfeso.

Pablo escribe en 2 Timoteo acerca de un tipo llamado Alejandro que le había ocasionado algún daño. No entra en detalles, sino que simplemente informa: "Alejandro el calderero me ha causado muchos males" (2 Ti. 4:14). Otra traducción dice así: "Se ha portado muy mal conmigo" (DHH). Pablo no cae en la tentación de relatar todo lo que este hombre le ha hecho y quejarse por eso, pero algo que aprendemos aquí del apóstol es que debemos reconocer que estamos dolidos.

A veces fingimos que no ha ocurrido nada y tratamos de barrer el dolor bajo la alfombra. Eso no funciona. No puedes perdonar lo que te niegas a reconocer.

Cedo mis derechos

Una vez que reconozco lo que se me ha hecho, mi primer instinto es hacer algo a cambio. Necesito igualar el marcador. Tengo derecho a tomar represalias. Tengo derecho a retribuir. Tengo derecho a vengarme. Reconozco la deuda y ahora estoy dispuesto a cobrar. Ese parece el siguiente paso para superar el sufrimiento que alguien ha causado.

Tras reconocer el gran daño que Alejandro le hizo, Pablo continúa: "El Señor le pague conforme a sus hechos" (v. 14).

Pablo no minimiza el daño que le ocasionaron. Simplemente, cede su derecho a vengarse. Está firmando una renuncia a su derecho de tomar represalias. Esto es distinto a liberar sus sentimientos de enojo y rabia; está entregando el ofensor a Dios.

Hay algo en nuestro interior que piensa: *Perdonaré cuando ajuste cuentas. Cuando le haga sentir lo mismo que me hizo sentir, podré perdonar.* Pero eso *no* es perdón, sino venganza. La Biblia enseña en Romanos 12:19: "No os venguéis vosotros mismos…

sino dejad lugar a la ira de Dios; porque escrito está: Mía es la venganza, yo pagaré, dice el Señor". La justicia es labor de Dios. Cuando insistimos en aferrarnos a nuestro derecho de ajustar cuentas, nos ponemos en el lugar de Dios. Es una forma de decir: "Dios, no creo que puedas manejar esto. No confío en que cuides de mí. Así que voy a tratar con esta situación por mi cuenta".

Leer ese versículo en Romanos 12 me recuerda la respuesta de papá al hombre que me envió el correo electrónico lleno de odio. En cierto sentido, entregué el correo del crítico a mi padre y dejé espacio para su ira. Él lo leyó y dijo: "Mía es la venganza, yo pagaré". Yo ni siquiera quería que él hiciera eso, pero como un padre amoroso, no pudo dejar de hacerlo.

En el capítulo anterior, mencioné la manera en que podemos revivir el episodio de lo que nos han hecho, como una película favorita grabada en nuestro DVR. El problema es que cada vez, con cada reproducción, aumenta el peso de lo que nos han hecho. Llega el momento en que debemos decidir: "El peso es demasiado fuerte para que yo lo cargue. No voy a permitir que siga desgastándome lo que esa persona me hizo. Por tanto, Dios, te lo entrego". No solo estamos liberando el dolor de lo que nos hicieron, sino también liberando a la persona que lo hizo.

Quiero que observes por qué Pablo le escribe a Timoteo respecto a este hombre ofensivo. El apóstol escribe en el versículo siguiente: "Guárdate tú también de él, pues en gran manera se ha opuesto a nuestras palabras" (2 Ti. 4:15). Pablo ha renunciado a sus derechos, pero es protector de Timoteo. Puede perdonar a Alejandro, pero no confía en él. Perdonar no necesariamente equivale a confiar. Solo porque cedas tu derecho a vengarte no significa que la persona no deba rendir cuentas. Si se cometió un delito contra ti, esto no significa que no lo reportes. No significa que la persona no deba responder ante la ley. Tampoco significa que sigas adelante y confíes en el agresor como si nada hubiera pasado. Puede ser que debas poner algunos límites prudentes para moverte en el futuro. Pablo reconoce lo que le hicieron y lo entrega a Dios, pero luego establece algunos límites apropiados para evitar más daño. Tal vez debamos hacer lo mismo.

Ora por tus enemigos

Pablo sigue dando otro ejemplo de cuando le hicieron daño. Así que escribe: "En mi primera defensa ninguno estuvo a mi lado, sino que todos me desampararon" (v. 16). Una vez más, el apóstol reconoce un agravio. Es probable que aquí hable de un juicio en que debió pararse frente a las autoridades romanas. Nerón, el emperador romano, hacía todo lo posible por destruir a la Iglesia y darle fin al cristianismo. Pablo hace referencia a un juicio donde su vida, literalmente, estaba en juego. En ese momento de necesidad, nadie apareció. Él había amado a las personas, les había servido y había sacrificado su vida por ellas, pero ninguna vino a apoyarlo.

Tal vez sepas qué es eso. Conoces el dolor de contar con alguien que te defraudó. Confiaste tu corazón a alguien, y te lo devolvió hecho añicos. Esta es una clase diferente de dolor, porque viene de alguien en quien confiaste.

Tengo la impresión de que Pablo no era especialmente cercano a Alejandro, el calderero.[1] Pero las personas que no aparecieron en su juicio eran amigos cercanos, por quienes él se había preocupado. Cuanto más íntima la relación, más devastador puede ser el daño.

Mencioné que, cuando preparaba este libro, pedí a mis amigos de Facebook que me contaran sus historias relacionadas con haber perdonado a alguien que les había hecho daño. Hubo

---

1. Pienso esto porque menciona la profesión de Alejandro, seguida del nombre. No haría eso si nombrara a un amigo cercano. No le diría a mi esposa: "Cariño, estuve hablando con Marcos, el vendedor de seguros, y con Amanda, la maestra de segundo grado, y los invité a cenar el próximo Día de la Memoria".

docenas y docenas de historias de personas que fueron traicionadas por alguien en quien confiaban, pero hubo una que era diferente. No era de quien fue traicionado, sino de la persona que había traicionado. He aquí su historia:

> Crecí asistiendo a la iglesia. Sabía lo que se esperaba de mí como una persona moral y como seguidora de Cristo. Conocí a Bill en el parque, y nuestra relación pasó rápidamente de amistad a mucho más. Nuestros deseos egoístas fueron más perjudiciales debido a que él estaba casado. Hicimos intentos de ser honorables y terminar, pero el egoísmo prevaleció. Entonces nuestro secreto se hizo tangible. Quedé embarazada... una prueba de embarazo en mi mano me convenció de mi pecado. Yo lo amaba, pero me ofrecí a dejar la región y no alterarle más la vida. Me sentí más culpable en nuestra situación, porque a sabiendas, había hecho caso omiso a la voz de Dios. Él tomó la decisión de revelar la traición y pedir el divorcio. Ellos habían estado juntos durante ocho años y no tenían hijos.

Resulta que la esposa de Bill se llamaba Lisa. ¿Puedes imaginar lo devastada que ella debió haber estado al averiguar que su esposo estaba engañándola? No solo eso, sino que esta otra mujer iba a tener un bebé de él, y además de eso, su esposo quería el divorcio. ¿Puedes imaginarlo? Tristemente, hay quienes no tienen por qué hacerlo.

Pablo escribe que se sintió traicionado. Los amaba y se sacrificó por ellos, y todos lo abandonaron. ¿Cómo se siente ahora respecto a ellos? El apóstol escribe: "No les sea tomado en cuenta" (v. 16). En realidad, no solo renuncia a su derecho de vengarse, sino que hace una oración por ellos, esperando que ese pecado no les sea tomado en cuenta. Es la misma oración que vimos con Esteban en Hechos 7 y con Jesús en la cruz. Es lo que el Señor enseñó en Lucas 6:27-28 que todos debíamos hacer: "Amad a vuestros enemigos, haced bien a los que os aborrecen; bendecid a los que os maldicen, y orad por los que os calumnian".

Quizá, al leer eso, venga a tu mente el nombre y el rostro de la persona que te maltrató, y pienses que es imposible proceder así. "Espera, ¿quieres decir que se supone que ore por la persona que me hizo daño?". Sí. Es más, yo diría que esto hará más por ponerte en la senda del perdón y la gracia que cualquier otra cosa.

En 1960, Ruby Bridges se convirtió en la primera afroamericana en asistir a una escuela totalmente de blancos. Ella tenía seis años de edad. Fue seleccionada como uno de cuatro alumnos de primer grado para integrarse en dos escuelas públicas. Por desdicha, Ruby fue enviada sola a la Escuela Pública William Frantz en Louisiana. En su primer día, varios cientos de manifestantes se reunieron afuera. Ella vio a uno de ellos que cargaba una muñeca negra en un ataúd. A Ruby la escupieron, la maldijeron y amenazaron su vida. Fue a ver a un médico, el doctor Robert Coles, para que le ayudara a luchar con algo del dolor de lo que estaba pasando. Él no podía entender cómo la pequeña lidió tan bien con todo lo que pasaba. No podía entender por qué la niña no se veía enojada, amargada ni deprimida.

Una mañana, la maestra de Ruby la observó deteniéndose frente a la iracunda turba que la maldecía, y vio cómo los labios de Ruby se movían. Ella le habló al doctor Coles al respecto. Más tarde, cuando él volvió a reunirse con Ruby, le preguntó qué estaba diciéndole a la turba. Ruby contestó: "Yo no estaba hablándoles. Estaba orando por ellos". Más tarde, Ruby escribió en sus memorias, *Through My Eyes* [A través de mis ojos]: "Mi madre y nuestro pastor siempre decían: 'Tienes que orar por tus enemigos y por todos los que hacen lo malo', y eso es lo que hice".[2] El doctor Coles señala que los padres de Ruby no sabían leer o escribir, pero le enseñaron a ella a hacer lo que Jesús dijo que debía hacerse. Jesús le decía que orara por sus enemigos, así que eso fue lo que ella hizo. Eso es lo que le permitió deshacerse de toda amargura, rabia e ira.

Debemos hacer lo que Jesús dijo que hiciéramos. Si vamos a perdonar y dejar que la gracia fluya, debemos orar por nuestros enemigos. Puedes estar en una posición en que ni siquiera consideres hacer lo que Jesús pidió que hiciéramos, pero te animo a recordar que eso es también lo que Jesús hizo por ti. Él oró por las personas que lo colocaron en esa cruz.

Apóyate en Él

Pablo le cuenta brevemente a Timoteo cómo fue perjudicado, pero también cómo Dios le concedió las fuerzas que necesitaba:

> Pero el Señor estuvo a mi lado, y me dio fuerzas, para que por mí fuese cumplida la predicación, y que todos los gentiles oyesen. Así fui librado de la boca del león. Y el Señor me librará de toda obra mala, y me preservará para su reino celestial. A él sea gloria por los siglos de los siglos. Amén (2 Ti. 4:17-18).

¿Cómo perdonas? Decides liberar el dolor, oras por tu enemigo y —tal vez lo más importante— reconoces que Dios está a tu lado y que Él tendrá la última palabra.

Pablo reconoce que la gente con quien contaba lo defraudó, pero expresa: "Pero el Señor estuvo a mi lado, y me dio fuerzas" (v. 17). Hay quienes comprenden lo que el apóstol dice. Existen momentos en tu vida en que las personas por las que te preocupabas parecieron ausentes, pero fue entonces cuando

---

2. Ruby Bridges, *Through My Eyes* (Nueva York: Scholastic Press, 1999), p. 43.

Dios pareció más presente. Cuando te sentiste más traicionado y abandonado, descubriste que Dios estaba justo allí a tu lado y pudiste apoyarte en Él.

Pablo mira ahora hacia atrás el daño que le hicieron y puede ver que Dios no solo estuvo con él, sino que lo utilizó para predicar las buenas nuevas. Dios saca bien del mal que le hicieron a Pablo. Se hace más fácil perdonar a alguien cuando puedes confiar en que lo que esa persona deseaba para mal, Dios puede hacer que obre para bien.

Esto me recuerda que estaba hablándote de Lisa, la esposa cuyo marido le confesó que estaba engañándola, que la otra mujer estaba embarazada y que quería el divorcio. Te pregunté si podías imaginar lo devastada que debió sentirse Lisa. He aquí otra pregunta: ¿Cómo responde una persona a algo como eso? Es así como Lisa respondió (recuerda que esto viene de "la otra mujer"):

Cuando Bill le habló a Lisa respecto a nuestra relación, el embarazo y básicamente el final de la vida como ella la conocía, es indudable que quedó devastada. ¿Sabes lo que Lisa hizo después que la vida se le derrumbó a su alrededor? Me llamó para decirme que no me odiaba… y que aunque seguramente pasaría algunas temporadas difíciles en el futuro cercano… después de todo lo que se dijo y se hizo… su oración era que todos pudiéramos de algún modo seguir siendo familia. Más tarde me preguntó si podía ser la tía Lisa para el bebé.

Yo no podía comprenderlo. Todos estos años después, sigo sin poder comprender lo que pasó.

¿Cómo? ¿Quién tiene tal fortaleza? ¿Quién tiene tal gracia? Aunque sin duda alguna, merecíamos la ira de parte de una mujer que no mereció tal trato, después que nuestro hijo nació, hubo una amistad y un verdadero amor que fluyó sin reservas.

Bill no conocía a Jesús. Todavía no lo conoce. Pero Lisa y yo comenzamos a orar juntas por él. Oramos por que llegue a ver el amor y la gracia de Jesús a través de todo lo sucedido.

La gracia de Lisa me humilla a diario. No hay palabras para su perdón. Imagino que la única palabra es *Jesús*. La fortaleza, la misericordia, la gracia de Lisa son solo una mera idea de lo que Jesús ofrece.

> *Dios está a tu lado y te ofrece una gracia que no solo es más grande que todo lo que has hecho, sino más grande que todo lo que te han hecho.*

Esta mujer que traicionó a Lisa tiene razón. Nadie tiene esa clase de fortaleza, esa clase de gracia. Eso no venía de Lisa. Venía de Jesús hacia Lisa, y ella simplemente lo dejaba fluir.

Si te han lastimado, traicionado, abandonado o maltratado, Dios está a tu lado y te ofrece una gracia que no solo es más grande que todo lo que has hecho, sino más grande que todo lo que te han hecho.

Un papá amoroso

Dios es un Padre amoroso, en quien puedes apoyarte cuando no tienes a nadie más. No importa lo que pases, no tienes que pasarlo solo.

Bien, antes de terminar este capítulo, tengo que contarte el final de la historia de mi padre, cuando salió en mi defensa mandando un correo al tipo que me había enviado el odioso correo electrónico. Algunas horas después de haber enviado su correo a este sujeto, papá me envió otro.

Se sentía mal por hablar a mi favor sin mi permiso y quería disculparse si se había excedido como padre de un hijo adulto.

He aquí lo que escribió:

Querido Kyle:

Quiero disculparme por responder al hombre que te mandó ese correo electrónico. Sé que no es lo que estabas esperando cuando me lo participaste. Estoy seguro de que me vi obligado a contestarle a ese sujeto porque sentí la picadura que quiso darte. En las raras ocasiones en que me han dirigido una crítica como esta, hago mucho mejor en reaccionar con paciencia y sentido del humor; pero cuando se trata de mi hijo, no puedo dejar de correr a la línea de batalla. Me encanta quién eres, hijo. No cambies. Sigue creciendo. Ya no responderé más y te animo a que tú también dejes las cosas así.

Con amor, papá

Papá está para mí. Está en mi esquina. Si alguien me ataca y papá lo llega a saber, gústeme o no, me avergüence o no por eso, va a tener que vérselas también con él. No hay ninguna duda de a favor de quién va a estar él. Siempre está para mí. Siempre está de mi lado.

No sé si tienes un padre terrenal así, pero sé que tienes un Padre celestial. Permítele tratar con tus heridas. Entrega a Dios esa persona que te hirió y confía en que sea Él quien trate con ella. Apóyate en Dios. Él te cubre la espalda.

Más conciliadora que tu resentimiento

Ted, el hijo de dieciocho años de Elizabeth y Frank Morris, llegó de la universidad a casa a pasar las vacaciones navideñas. Había conseguido un trabajo para ganar un poco de dinero. Era tarde, y Elizabeth estaba preocupada porque se suponía que él ya debía haber llegado del trabajo. Ahí fue cuando sonó el teléfono. Elizabeth contestó y recibió la noticia que ninguna madre quiere escuchar. Mientras Ted conducía a casa, un auto que venía en sentido contrario había cruzado de carril y lo había chocado de frente.

Tommy Pigage conducía el otro auto. Había estado en una fiesta donde se emborrachó. Sus amigos le dijeron que no condujera, pero él no hizo caso. Perdió la conciencia y ni siquiera vio el vehículo de Ted Morris, que transitaba por el otro lado de la carretera.

Ted murió la mañana siguiente. El nivel de alcohol en la sangre de Tommy era como el triple del límite legal.

El juicio fue como un mes después. Elizabeth y su esposo estaban allí y se enfurecieron cuando Tommy se declaró inocente. El juicio se retrasó varias veces. Finalmente, casi dos años después, el juicio se cerró cuando Tommy llegó a una negociación de la condena que le permitió salir en libertad condicional. Tommy ahora está libre, y Elizabeth empezó a tener fantasías de venganza, en que ella lo mataría.[1]

Inhala, exhala

¿Es la gracia realmente más grande?

¿Es la gracia mayor que, incluso, el dolor causado por un conductor ebrio que mata a tu hijo?

Eso es lo que la Biblia dice. Eso es lo que estamos diciendo. El amor incondicional de Dios es tan transformador, que el efecto de la gracia que experimentamos nos llevará a perdonar, incluso, al peor de nuestros peores enemigos.

En caso de que haya alguna confusión, he aquí lo que *no* estamos diciendo. No estamos diciendo que lo que sucedió no sea algo tremendamente grave, que la sanidad será inmediata o que deberías presentar disculpas por lo que te hicieron. No estamos diciendo que el maltrato deba tolerarse o que no deberías presentar cargos si se ha cometido un delito. No estamos diciendo que ya no sentirás dolor o que podrás olvidar mágicamente lo que ocurrió. Tampoco estamos diciendo que deberías confiar ciegamente en alguien que te hizo daño.

Lo que estamos diciendo —en realidad, lo que la Biblia

1. David McCormick, "After Couple Forgave Son's Killer, All Three Were Able to Start New Life", *Los Angeles Times*, 1 de septiembre de 1985, http://articles.latimes.com/1985-09-01/news/mn-25735_1_drunk-driver; véase también William Plummer, ""In a Supreme Act of Forgiveness, a Kentucky Couple 'Adopts' the Man Who Killed Their Son", *People*, 26 de agosto de 1985, http://www.people.com/people/archive/article/0,,20091574,00.html.

dice— es que es posible deshacernos de nuestra amargura, rabia o ira. La gracia que fluye hacia nosotros a través de Jesús puede fluir desde nosotros hacia los demás. Podemos ser liberados de la prisión de la falta de perdón. Leemos en Efesios 4:32: "Sed benignos unos con otros, misericordiosos, perdonándoos unos a otros, como Dios también os perdonó a vosotros en Cristo". Debemos perdonar como Dios nos ha perdonado. El perdón que hemos recibido de Dios es la motivación, el mandamiento y también el modelo de perdón que debemos otorgar. Una vez que hemos recibido la gracia de Dios, podemos dejarla fluir libremente de nuestras vidas.

Tengo en Nashville un pastor amigo llamado Pete Wilson. Recientemente, visité su iglesia, y él predicó un sermón sobre cómo podemos brindar a otros el amor y la gracia de Jesús. Lo explicó de este modo: "Lo que inhales es lo que exhalarás". Si eres intencional para inhalar la gracia y el perdón de Dios, también los exhalarás en tus relaciones. Pero si estás inhalando ira y rabia, eso es lo que vas a exhalar en tus relaciones.

Cuando despegas en un avión, la asistente de vuelo te da una demostración con una máscara. Hay algo acerca de jalar la máscara firmemente hacia ti y cubrirte la boca con ella. E incluso hay algo en cómo sigue fluyendo el oxígeno, aunque la bolsa no se infle.[2] Luego viene la parte más difícil de las instrucciones, cuando te dicen que si viajas con un niño, te pongas tú primero la máscara antes de ayudar con la que le corresponde al pequeño. Como padre, si mis hijos no pueden respirar, quiero ayudarles antes de preocuparme por mí mismo. Ese es simplemente un instinto natural de padre. Pero me doy cuenta de que, aunque no sería fácil asegurarme primero de que yo esté respirando, esto sería necesario. Si no estoy respirando, no podré ayudar a mi hijo.

---

2. No me trago eso. Pero si evita que la mujer nerviosa a mi lado entre en pánico, estoy bien con lo que la asistente sigue diciendo.

Lo mismo se aplica a inhalar el oxígeno dador de vida de la gracia, el perdón, la paz y el gozo de Dios. Eso es lo que quieres para tus hijos. Eso es lo que quieres que inhalen aquellos por quienes te preocupas. Pero si no es lo que tú inhalas, no vas a poder ayudarlos a inhalar.

Cuando tomes tiempo para inhalar el oxígeno de la gracia de Dios, estarás en condiciones de asegurarte de que la gente a tu alrededor también lo inhale.

Debemos ser intencionales con esto, asegurándonos de que estamos inhalando la gracia de Dios. Si estás lidiando con ira y amargura, ¿puedo animarte a comenzar cada día pensando en esta imagen? Cuando tomes tiempo para inhalar el oxígeno de la gracia de Dios, estarás en condiciones de asegurarte de que la gente a tu alrededor también lo inhale.

Cuando inhales la gracia de Dios, Él te enseñará cómo quiere que perdones a otros. El nivel de gracia y perdón del que vamos a hablar en este capítulo puede parecer imposible ahora, pero mientras la gracia de Dios fluya en ti, más fluirá de ti su gracia.

Perdón, nivel uno

Deseo que pienses en el perdón en tres niveles diferentes. Llamemos nivel uno de perdón a deshacerse de amargura, enojo e ira. Es como limpiar tu clóset y determinar que ya no vas a vivir más con resentimiento y animosidad por algo que te dijeron o hicieron en el pasado.

Esto no significa que todos esos sentimientos desaparecerán. De ningún modo. Simplemente, significa que cuando tales sentimientos lleguen, no vas a ponértelos y a usarlos por ahí. Vas a deshacerte de ello.

El problema con el nivel uno de perdón es que puede que no sientas deseos de perdonar a alguien. Quizá has tratado incluso de sentir algo diferente al leer los últimos capítulos. Te has dicho: *Quiero perdonar. Quiero deshacerme de la amargura y el odio, pero siento lo uno y lo otro. Cuando deje de tener esos sentimientos, entonces podré perdonar.* Mira, si para perdonar esperas hasta sentir deseos de perdonar, podría pasar algún tiempo. Si para dejar de sentir enojo y amargura esperas hasta dejar de sentirte enojado y amargado, buena suerte con eso.

Deshacerse de tales sentimientos es mucho más un asunto de obediencia que lo que la mayoría comprendemos. Cuando uno de esos sentimientos sale hirviendo a la superficie, debemos sujetarlo, examinarlo y luego decidir eliminarlo. En lugar de seguir reviviendo la ofensa y el daño, el nivel uno de perdón es liberar ese dolor a Dios. Es tomar la decisión de dejar de traer a la memoria lo que *nos* hicieron y comenzar a enfocarnos en lo que se hizo *por* nosotros.

Perdón, nivel dos

El perdón de nivel dos, del cual también hemos hablado, no tiene tanto que ver con renunciar al dolor como con liberar a la persona que te hizo daño. Es tomar la decisión de cancelar la deuda. Cedes tu derecho a tomar represalias y, en vez de buscar venganza contra quien te hirió, empiezas a orar por esa persona. Esto tal vez signifique aceptar que debas vivir con las consecuencias del pecado de alguien más, pero ya no buscas a la persona que te hizo daño para que enderece las cosas o para que pague por el mal que te causó.

Existe una escritora y conferencista a quien tal vez hayas visto por televisión, llamada Joyce Meyer. En su libro *Belleza en lugar de cenizas*, habla de que cuando ella era muy joven, su padre comenzó a acosarla. Pronto esto se convirtió en violación. Joyce afirma que un cálculo conservador es que su padre la violó más de doscientas veces antes que ella cumpliera dieciocho años.

En cierto momento, Joyce se acercó a su madre y le contó lo que el padre estaba haciéndole. Pero la madre o no le creyó o estaba demasiado asustada para hacer algo al respecto, porque nada pasó, nada cambió.

Cuando Joyce cumplió dieciocho años, salió de la casa de sus padres tan rápido como pudo. Entonces emprendió un viaje hacia el perdón. Había entregado su vida a Jesús cuando ella tenía nueve años, pero luego básicamente se alejó de su fe por años. Cuando regresó, se dio cuenta de que tenía que perdonar a su padre. Si no lo hacía, estaba consciente de que él seguiría aprisionándola. En ese momento, no tenía ninguna relación con su padre, pero la Biblia le dijo que tenía que brindarle perdón. Por tanto, a pesar de sus sentimientos, ella lo hizo.

Cuando Joyce fue y lo perdonó, él no reconoció que hubiera hecho nada malo. Pero por más que le disgustara esa reacción, ella supo que lo que Dios le había pedido que hiciera no cambiaría.

Perdón, nivel tres

Aún no hemos abordado el perdón de nivel tres, y es posible que no vaya a gustarte. Para algunas personas, esta clase de perdón parecerá más que poco realista... parecerá ofensivo. He aquí cómo definiremos el perdón de nivel tres: *una disposición para reconciliarte con la persona que te hizo daño.*

Mira, comprendo que esto no siempre sea posible. Tal vez el ofensor no quiera reconciliarse, o quizá ya no viva o puede que esto no sea seguro para ti. También entiendo que ciertos niveles de reconciliación tal vez no sean prudentes en algunas situaciones. No estoy sugiriendo que te sometas a más maltrato. Pero cuando sea posible, el perdón de nivel tres es el objetivo, porque es lo que hemos recibido de Dios por medio de Jesús.

Joyce Meyer tuvo un padre malvado que la violaba en las maneras más feas, pero como seguidora de Jesús ella sabía que debía perdonarlo. Así que a pesar de no tener ganas de hacerlo, tomó la decisión, fue a ver a su padre y le ofreció perdón. Varios años después, ella estaba leyendo en la Biblia (Lc. 6) donde Jesús nos dice que amemos a nuestros enemigos y hagamos *bien* a quienes nos han odiado. Años después cuando Joyce estaba orando, sintió que Dios le decía: *Debes cuidar de tus padres. Debes hacer lo bueno y cuidar a tus padres.* Los padres de ella habían envejecido y vivían como a trescientos kilómetros de distancia en una ciudad diferente. Joyce debió hacer algunas cosas a través de los años para ayudar con el cuidado económico de ellos, pero sintió que Dios estaba pidiéndole que llevara esto a un nuevo nivel.

Joyce y su esposo hablaron, examinaron sus finanzas y se dieron cuenta de que tenían suficiente para comprar a los padres de ella una casa que estaban vendiendo como a trece kilómetros de donde Joyce y su esposo vivían. Ella se dio cuenta de que sus padres también podían usar un auto nuevo y muebles más nuevos. Dios le había dicho: *Debes cuidar de tus padres*, así que les compró la casa, un auto y muebles.

Los padres le agradecieron, pero el papá de ella seguía siendo un hombre amargado y siguió así durante varios años. Entonces una mañana de Acción de Gracias, la madre de Joyce la llamó y dijo: "Tu padre ha estado llorando y llorando toda la semana. ¿Podrías venir, por favor? Necesita hablar contigo". Joyce y su esposo fueron a casa de sus padres. El papá confesó las cosas horribles que le había hecho a su hija y pidió perdón. Luego se dirigió al esposo de Joyce y le agradeció por los años de bondad inmerecida que le había brindado.

Joyce pudo ver que había verdadero arrepentimiento. Aprovechó la oportunidad para volver a explicar el evangelio a su padre (ya lo había hecho antes). Le preguntó: "Papá, ¿necesitas entregar tu vida a Cristo?". Y diez días después lo bautizó en su iglesia.

La gracia que Joyce le mostró a su padre puede parecer locura; sin embargo, ¿cuánta más locura es la gracia que el Dios del universo nos ha mostrado? La Biblia enseña que debemos perdonar como Dios nos perdonó. Cuando Dios nos perdona, no dice: "Te perdono, pero no podemos tener una relación. Es decir, no voy a echarte en cara tus pecados, pero no vamos a tener nada que ver uno con el otro. Vete por tu camino, yo iré por el mío". No, el perdón que Dios nos da lo lleva a reconciliarse con nosotros a pesar de nuestro pecado.

En Colosenses, Pablo describe el modo en que Dios nos perdona, este perdón de nivel tres:

> A Dios le agradó que todo lo que él es habitara plenamente en Cristo. Y con gusto decidió reconciliar consigo todas las cosas, tanto las que están en el cielo, como las que están en la tierra (Col. 1:19-20, PDT).

¿Cómo lo hizo? ¿Cómo pagó Dios por esa deuda para tener paz?

> Dios hizo las paces... a través de la sangre que Cristo derramó en la cruz. Antes, ustedes estaban alejados de Dios y su manera de pensar los hacía enemigos de Dios porque practicaban la maldad (vv. 20-21, PDT).

Así que nos habíamos vuelto enemigos de Dios y estábamos separados de Él por nuestro pecado. Pero luego vino el perdón de Dios de tercer nivel:

> Pero ahora Dios, por medio de la muerte física de Cristo, los ha convertido en sus amigos. Cristo murió para presentarlos santos ante Dios, es decir, sin ninguna mancha ni maldad que pueda ser juzgada por Dios (v. 22, PDT).

Dios "te libra" de tu pecado, se reconcilia contigo y te invita a su presencia.

Ese es el modelo de cómo debemos ofrecer perdón.

Nivel 2.5

Hace como doce años, un pariente lejano se metió en problemas financieros y buscó mi ayuda. Se trataba de una situación muy urgente, y nos pidió que le prestáramos cinco mil dólares. Teníamos veintitantos años y no contábamos en toda la casa con cinco mil dólares para prestarle.[3] Pero decidimos hacerlo de todos modos. Sacamos dinero de nuestros ahorros y le hicimos el préstamo. Él prometió pagarnos en un año. Contamos con esa promesa, porque no podíamos darnos el lujo de que no nos pagara. Necesitábamos ese dinero para saldar algunas cuentas, como las matrículas de nuestros hijos y nuestros impuestos.

Llegó el año, y él no pagó. Es más, nunca mencionó el tema. Lo vimos durante las vacaciones, y él hizo todo lo posible por evitarnos. Intenté llamarlo, pero nunca contestó. Le dejé mensajes que decían que podíamos elaborar un plan de pago gradual, pero no devolvió mis llamadas.

Tuvimos que vender un vehículo y remplazarlo con una minivan más vieja a fin de poder usar la diferencia para pagar nuestras cuentas.

Pasaron varios años, y cada vez me sentía más resentido. Tener que conducir una minivan vieja hace algo al espíritu de un hombre. Cada vez que lo veíamos en una reunión familiar y él hacía todo lo posible por evitarnos, yo me amargaba un poco más.

—¿Sabes? —me dijo finalmente mi esposa—. Creo que en realidad debemos tener una relación de algún tipo con él, pero mientras yo sienta que nos debe dinero y mientras tú estés frustrado porque él no lo reconozca o no lo devuelva, esa relación sencillamente no va a darse.

No me gustó a dónde iba esto.

---

3. Lo sé porque revisé entre todos los almohadones de nuestro sofá.

—Creo que debemos perdonarle la deuda y decir que no nos debe nada —continuó ella.

No estuve de acuerdo.

—No, no podemos hacer eso —cuestioné—. Aunque quisiéramos, no podemos hacerlo. Necesitamos ese dinero. Simplemente, estaríamos facilitándole las cosas. Él tiene que responsabilizarse por sus decisiones. No hay manera de que yo vaya a perdonarle esa deuda.

Pero decidimos perdonarle la deuda.

Recuerdo haberle dicho que queríamos perdonarle la deuda y olvidar lo que nos debía. Estábamos pasando con la familia otra vez un día feriado, y le pregunté si podía hablar con él en otro cuarto. Le dije que no tenía que devolver lo que nos debía, que íbamos a hacerle un regalo, y que la deuda estaba saldada.

Para ser sincero, creí que él iba a estar increíblemente agradecido. Yo había repasado toda la escena en mi mente. El hombre se desharía en disculpas y estaría profusamente agradecido. Pero eso no es lo que sucedió. Actuó como si lo que estuviéramos haciendo no tuviera ninguna importancia. Al principio fingió que ni siquiera sabía de lo que estaba hablándole. Sí me agradeció… algo, pero no pidió disculpas.

Con los años, me he sentido tentado a reprocharle ese comportamiento. A veces pienso en cuánto dinero sería eso ahora si lo hubiéramos invertido: $15.765,27, en caso de que estés preguntándote. Cuando estoy tentado a pensar de ese modo, tengo que recordarme: *Espera, ya perdoné esa deuda.*

Hace unos años, el hombre compró un vehículo nuevo del que subió una foto a las redes sociales. Empecé a dejar el comentario: "Hola, se ve muy bonito. Me recuerda este minivan que yo solía tener… pero *totalmente* distinto". Debí recordarme: *Espera, ya perdoné eso. Lo liberé. Ya no reproduzco ese episodio en mi mente.*

Es difícil. La gente te dice: "Perdona y olvida". Eso no es

verdad. Perdonas y *recuerdas*, y cuando recuerdas, tienes que recordarte: *Ya perdoné eso*.

Reconcilié mi relación con mi pariente... algo. La verdadera reconciliación también requeriría que él reconociera que hizo mal. La reconciliación completa depende de *ambas* partes. Podríamos decirlo de esta manera: la reconciliación total requiere tanto perdón de parte del agraviado como arrepentimiento de parte del ofensor. ¿No es así en nuestra relación con Dios? Él nos ofrece perdón. Incluso

> *La reconciliación total requiere tanto perdón de parte del agraviado como arrepentimiento de parte del ofensor.*

hizo el pago requerido para que fuéramos perdonados. Pero para reconciliarnos con Él, debemos arrepentirnos.

La persona que te hace daño quizá no se arrepienta en la medida que creas que debe hacerlo. Puede que no se dé cuenta de lo doloroso que fue su pecado y de cuánto daño te ocasionó. Puede que diga que lo siente, pero podría parecer que su nivel de arrepentimiento no coincida con el nivel de la ofensa. Sin embargo... nuestro nivel de arrepentimiento no coincide con el nivel de nuestra ofensa contra Dios.

No obstante, es innegable que, para que suceda verdadera reconciliación, debe haber perdón por parte del ofendido y arrepentimiento de parte del ofensor.

Hay una historia en la Biblia que ilustra esto. Jacob, nieto de Abraham, tenía un hermano llamado Esaú; un hermano gemelo en realidad. Esaú era el mayor por cuestión de minutos y, por eso, recibiría la bendición de su padre y la primogenitura. Jacob despojó a Esaú de ambas cosas y luego huyó y se escondió de su hermano. Jacob sabía que era culpable y sabía que Esaú iba a vengarse, así que se escapó. Evitó a Esaú durante varias décadas. Desde ese entonces, los dos hermanos no se hablaron ni tuvieron nada que ver uno con el otro. Finalmente, llega un momento en que Jacob ya no puede evitar a Esaú. Ambos tienen que reunirse, y Jacob tiene miedo. Se entera de que Esaú viene hacia él con un ejército de cuatrocientos hombres. En un intento desesperado por reducir las pérdidas, Jacob divide en dos grupos su familia y todas sus posesiones con la esperanza de que si Esaú ataca un grupo, el otro se salve.

Por último, llega el momento en que estos dos hermanos se vuelven a ver. Leemos que Jacob "pasó delante de ellos y se inclinó hasta el suelo siete veces, hasta que llegó a su hermano" (Gn. 33:3). Jacob se humilla y muestra contrición inclinándose ante su hermano. Entonces, "Esaú corrió a su encuentro y le abrazó, y se echó sobre su cuello, y le besó; y lloraron" (v. 4).

Eso es nivel tres en acción. *Eso* es reconciliación, que requiere perdón de parte del ofendido y arrepentimiento de parte del ofensor. No sucede a menudo, pero es algo hermoso cuando ocurre.

El día en que Jacob y Esaú se reunieron, uno de los hijos de Jacob estaba en la parte trasera de la caravana, solo era un niño pequeño que observaba cómo se desarrollaba todo esto. Es probable que haya oído hablar de su tío Esaú. No sé cuánto habría sabido en cuanto al conflicto entre los dos hermanos, pero pudo darse cuenta de que su papá tenía miedo de reunirse con el tío. Sabía que algo estaba a punto de suceder. Vio a su padre inclinarse humildemente, algo que el niño no estaba acostumbrado a ver. Observó a su tío correr para abrazar a papá.

Este pequeño se llamaba José, quien observó y captó todo esto.

Varios años después, José tuvo algunos problemas con sus propios hermanos, quienes lo vendieron como esclavo. Pero puedes recordar que Dios obró en la vida de José de modo que este llegó a ser el segundo hombre más poderoso en Egipto. Pasaron dos décadas, y entonces los hermanos de José aparecieron para pedirle comida. Había hambre, y ellos estaban desesperados. No lo reconocieron, pero él sí los reconoció. Si José hubiera querido, esa era su oportunidad de vengarse.

En lugar de eso, a José se le ocurrió una prueba para ver si ellos estaban realmente apenados por lo que habían hecho. Deseaba averiguar si estaban arrepentidos, y cuando averiguó que así era, esto sucedió a continuación:

> No podía ya José contenerse delante de todos los que estaban al lado suyo, y clamó: Haced salir de mi presencia a todos. Y no quedó nadie con él, al darse a conocer José a sus hermanos. Entonces se dio a llorar a gritos; y oyeron los egipcios, y oyó también la casa de Faraón (45:1-2).

Los hermanos estaban angustiados y temerosos, pero José los animó a no estarlo, diciéndoles que Dios había tomado el mal que hicieron y lo había usado para producir algo bueno. Me siento seguro de que José ya había alcanzado el nivel dos de perdón, y ahora pasaba al nivel tres, por eso llora. Eso no me sorprende, pues cuando liberamos a otras personas, terminamos sintiéndonos libres.

Y Dios nos llama más allá de renunciar a nuestro derecho de tomar represalias, más allá de deshacernos de nuestros sentimientos de amargura y odio. Nos llama a estar dispuestos a reconciliarnos con quien nos hizo daño.

La gracia conduce a la reconciliación

¿Recuerdas a Elizabeth y Frank Morris? Tommy Pigage, quien estaba ebrio, mató a su hijo, Ted. En el juicio, Tommy salió en libertad condicional, y Elizabeth quería vengarse.

Pero Elizabeth tenía un problema. Era receptora de gracia.

Cristiana. Elizabeth llevó su dolor ante Dios, y al orar se dio cuenta de que su Padre celestial también había dado muerte a su Hijo inocente. Ella sabía que debía perdonar a Tommy como Dios la había perdonado.

Elizabeth fue a reunirse con Tommy. Le dijo que quería ayudarlo. Tommy venía de un hogar destruido y luchaba con el alcoholismo. Necesitaba ayuda.

No mucho después, Tommy se emborrachó y violó su acuerdo de libertad condicional. Lo sentenciaron a tres meses de cárcel, y Elizabeth lo visitó regularmente. Cuando salió, Elizabeth y Frank comenzaron a cimentar una relación con Tommy y a hablar con él acerca de Jesús. Una noche, los Morris y Tommy condujeron hasta la iglesia, donde Frank Morris bautizó al asesino de su hijo.

Los Morris ven ahora a Tommy como su hijo. Él asiste a la iglesia con ellos todos los domingos, y luego salen a almorzar. A menudo se reúnen para ir a patinar o jugar bolos. Tommy los llama todos los días.

Esta es una historia asombrosa que sucedió realmente. Sin embargo, la pregunta que tengo es: ¿Ocurrirá algo así? ¿Hay una historia de reconciliación que deba desarrollarse *en tu vida*?

¿Existe un enemigo a quien *tú* debas perdonar, por quien orar, a quien debas hacerle bien y con quien reconciliarte? ¿Quién es? ¿Qué debes hacer?

Puedes hacerlo. La gracia de Dios es más grande que tu dolor. Simplemente, deja que fluya.

PARTE 3

Su gracia es más grande…
que tus circunstancias

Más pacífica que tus desilusiones

Yo no conocía la persona que presentó la petición.

Su nombre era Marcos y estaba pidiendo ayuda económica. En nuestra iglesia, recibimos muchas peticiones de ayuda benevolente, pero esta no era común. Él estaba pidiendo ayuda para pagar su lápida y su inscripción. Supuse que tal vez podíamos decir que sí, pero primero quise saber un poco más. No todos los días alguien pide ayuda para comprar su propia lápida. Pensé que cualquier mensaje que el hombre quisiera tener inscrito podría decirme un poco más acerca de quién era. Pronto tuve mi respuesta. He aquí lo que él quería grabar en su lápida:

Perdóname por los días en que no fui agradecido.

De repente, tuve una cantidad de preguntas. ¿De qué estaba muriendo él? ¿Cuánto tiempo le quedaba de vida? ¿Por qué deseaba que ese ruego fuera su legado? ¿Es realmente un pecado no ser agradecido? Aquello parecía un poco exagerado. Decidí fijar una reunión con él para poder analizar estas preguntas.

¿Pecado? ¿De veras?

Antes que tuviera oportunidad de reunirme con Marcos, me encontré obsesionado por el epitafio que quería. *¿Perdóname por los días en que no fui agradecido?*

Empecé a pensar en todos mis lloriqueos y quejas a lo largo de los años. Todos los tramos de mi vida podrían etiquetarse: "Kyle desea que las cosas fueran diferentes". Estoy dispuesto a admitir que esta no era la mejor actitud, ¿pero era pecado? Y si lo fuera, ¿no era solo uno pequeño e insignificante?[1] Es decir, ingratitud tiene que ver con pecados del equipo del colegio, ¿verdad? ¿Había algo por lo que yo realmente debía pedir perdón y arrepentirme?

Empecé a pensar en el versículo que dice: "Dad gracias en todo, porque esta es la voluntad de Dios para con vosotros en Cristo Jesús" (1 Ts. 5:18). Entonces entendí: esta no es solo una sugerencia útil o una pista para una vida sana. Es una orden, como "no tendrás otros dioses delante de mí" y "no matarás". Supongo que Dios no guiñó un ojo cuando lo dijo. Lo ordenó, y si no lo hacemos, lo desobedecemos. La desobediencia es un pecado, y el pecado *es* algo por lo que debemos pedir perdón y arrepentirnos.

En Éxodo 16, vemos que los israelitas vagan por el desierto. Dios los había sacado milagrosamente de la esclavitud opresora en Egipto. Ahora estos exesclavos estaban abriéndose paso a través del desierto hacia la tierra que Dios les prometió, una tierra que podían llamar propia. Pero mientras viajaban, se quejaban.

---

1. Tal vez como decir malas palabras aceptadas entre los cristianos tales como "carajo", "estupidez", "porquería", "vacas sagradas", "maldita sea", "rayos y centellas", y mi favorita personal: "hijo de la galleta".

Toda la congregación de los hijos de Israel murmuró contra Moisés y Aarón en el desierto; y les decían los hijos de Israel: Ojalá hubiéramos muerto por mano de Jehová en la tierra de Egipto, cuando nos sentábamos a las ollas de carne, cuando comíamos pan hasta saciarnos; pues nos habéis sacado a este desierto para matar de hambre a toda esta multitud (Éx. 16:2-3).

Actuaron como si lo hubieran pasado muy bien en Egipto, como si fuera una interminable fiesta de *fondue*. Suspiraron: "¿Recuerdan los buenos tiempos?". Sí, excepto que dejaron fuera una cosa: ¡la esclavitud! Los israelitas no descansaban en un complejo turístico con todo incluido. Eran *esclavos*.

A pesar de las quejas continuas de ellos, Dios fue misericordioso y les proporcionó comida llamada maná. La palabra *maná* significa "¿Qué es esto?" o "Lo que sea". Has oído hablar de carne misteriosa. Este era un pan misterioso, y en justicia para los israelitas, "¿qué es esto?" no es una pregunta que hacemos cuando algo parece especialmente apetecible. Cuando te sientas ante una cena de Acción de Gracias, no quieres mirar un plato y pensar: *¿Qué es esto?* No quieres señalar algo y decir a tu pariente al otro lado de la mesa: "¿Puedes pasarme... lo que sea eso?". Si eres niño, no quieres oír que tu mamá diga: "Tienes que comer un poco de lo que sea. No sé qué es. Algún tipo de mejunje de gelatina que tu abuela hizo. Simplemente, ponle un poco de salsa. Tápate la nariz cuando lo tragues y no sentirás el gusto".[2]

No obstante, esta gente estaba muriéndose de hambre, y milagrosamente Dios les proveyó maná. Pero en lugar de estar agradecidos por la provisión divina, se quejaron. No expresaron gracia; al contrario, refunfuñaron. Así lo describe la Biblia:

La gente extranjera que se mezcló con ellos tuvo un vivo deseo, y los hijos de Israel también volvieron a llorar y dijeron: ¡Quién

---

2. ¡Mentira!

nos diera a comer carne! Nos acordamos del pescado que comíamos en Egipto de balde, de los pepinos, los melones, los puerros, las cebollas y los ajos; y ahora nuestra alma se seca; pues nada sino este maná ven nuestros ojos (Nm. 11:4-6).[3]

Bien, al final Dios oyó suficientes quejas, y dio a Moisés un mensaje para que lo hiciera saber a todos. Así descubrimos cuán seriamente Dios toma la queja:

Al pueblo dirás: Santificaos para mañana, y comeréis carne; porque habéis llorado en oídos de Jehová, diciendo: ¡Quién nos diera a comer carne! ¡Ciertamente mejor nos iba en Egipto! Jehová, pues, os dará carne, y comeréis. No comeréis un día, ni dos días, ni cinco días, ni diez días, ni veinte días, sino hasta un mes entero, hasta que os salga por las narices, y la aborrezcáis, por cuanto menospreciasteis a Jehová que está en medio de vosotros, y llorasteis delante de él, diciendo: ¿Para qué salimos acá de Egipto? (vv. 18-20).

Tal vez tu papá o tu mamá alguna vez te dijeron: "¿Quieres llorar? ¡Te daré algo para que llores de verdad!". Eso es lo que está pasando aquí. "¿Quieren carne? Ah, les daré carne. Comerán hasta que les salga por la nariz".[4]

La falta de gratitud de los israelitas no es un pecado insignificante; es algo importante para Dios. En realidad, cientos de años después, en el salmo 95, Dios siguió hablando de las quejas ofensivas y la falta de fe de los israelitas en el desierto.

De hecho, más de mil años después, en Hebreos 3, leemos que Dios aún siguió hablando acerca de todas las quejas y los lamentos que se llevaron a cabo en el desierto.

La pregunta es: ¿Por qué? ¿Por qué Dios toma tan en serio

---

3. Para un mayor efecto, di "maná, maná, maná" con el tono agudo de la queja de una niña de cuatro años.

4. En la escuela secundaria, esto habría significado popularidad instantánea.

la queja y la murmuración? Porque se la toma *personalmente*. Con misericordia provee para sus hijos, pero en lugar de notarlo y ser agradecidos, ellos se quejan. Desde luego, Él toma eso en forma personal. Debido a que soy padre, esta característica de Dios tiene sentido para mí. Trabajo duro a fin de proveer para mis hijos y asegurar que estén bien atendidos. Comprendo que a veces no serán agradecidos, pero cuando murmuran o se quejan, eso puede ser especialmente frustrante.

Cuando los Warriors estaban a punto de conseguir el récord de la NBA de más partidos ganados (antes de una derrota, al inicio de la temporada 2016), derroché comprando entradas para que mi hijo y yo viéramos el partido contra los Indiana Pacers. Yo quería que él recordara haber asistido a un partido durante esta racha histórica. Los boletos costaron más de lo que debí haber pagado, pero fue una gran noche para el recuerdo.[5]

Sin embargo, imaginemos que, una vez que estamos en el partido, mi hijo dijera que tiene hambre, así que me levantara y consiguiera algunos confites de maní. Imagina que se los hubiera entregado, y él los mirara diciendo: "¡No me gustan los confites de maní! ¡Quiero confites de chocolate! No voy a comer estos". Ahora imagina que él pasara el resto del partido quejándose acerca de los confites de maní, y que dijera cosas como: "Ni siquiera sé por qué estamos aquí; ¡podríamos habernos quedado en casa comiendo confites de chocolate y viendo el partido por televisión!".

Eso no solo heriría mis sentimientos, me haría sentir frustrado y furioso. Es probable que le dijera que se callara la boca y chupara el chocolate de los manís. Y quizá sería una buena estrategia pasar por el supermercado y comprar una bolsa de dos kilos de confites de chocolate en el camino a casa, y decirle que se los va a comer todos hasta que le salgan por las narices.

---

5. No me importa decirte cuánto gasté, pero hay muchas posibilidades de que mi esposa lea esto.

Dios había liberado a su pueblo de la esclavitud y la opresión, y lo llevaba a la tierra prometida que fluye leche y miel. Él había provisto para todas las necesidades de ellos a fin de que no tuvieran que preocuparse por nada. ¿Cómo le agradecieron? "Sí. Todo eso es fabuloso, Dios, pero ¿podrías hacer algo respecto a la comida?".

Dios se toma personalmente la queja, porque esta olvida la grandeza de la gracia que hemos recibido, socava las buenas nuevas del evangelio y hace caso omiso a la generosidad y fidelidad de Dios. Este tipo de queja le resulta ofensiva, porque en esencia es blasfema. Es una forma de expresar: "No creo que Dios se preocupe por mí. No creo que Él vaya a cumplir sus promesas. No creo que pueda rescatarme de lo que estoy atravesando". Cuando lo reduces al máximo, la queja es un rechazo a confiar en Dios y a reconocer su gracia en tu vida.

Cuando lo reduces al máximo, la queja es un rechazo a confiar en Dios y a reconocer su gracia en tu vida.

Quejarse es lo opuesto de adorar, y es el rival de la gracia. Eso podría asustarte. Tal vez diríamos que quejarse es lo opuesto a la acción de gracias, nada de gracia. Pero la gracia y la acción de gracias están íntimamente relacionadas en la Biblia, incluso entrelazadas. Vemos esto en nuestra manera de hablar. Es más, cuando queremos expresar acción de gracias a Dios antes de una comida, a menudo nos referimos a ello como "dar las gracias".

Al quejarnos dejamos de poner atención en lo que tenemos y nos fijamos en lo que *no* tenemos. Quejarse tiene una forma de cerrar la persiana en la ventana de la gracia. Impide que entre el brillo de la luz de la gracia de Dios. Debido a su miope obsesión con lo que había en el menú de la cena, los israelitas pasaron por alto que eran libres por primera vez en generaciones.

Lentes del color de la gracia

Hace tiempo estaba en la fila del puesto de comida de un teatro, agradecido por la oportunidad de gastar una pequeña fortuna en algunos refrigerios. Un sujeto en el mostrador, tres o cuatro personas delante de mí, estaba claramente disgustado por alguna razón con la empleada del teatro. Yo no estaba muy cerca para oír exactamente por qué el tipo estaba furioso, pero había alzado la voz, y el tono era áspero. La joven que trabajaba en el puesto escuchaba con paciencia, pero estaba claramente avergonzada por la situación. Por fin, el hombre terminó su ataque y pasó a mi lado con sus palomitas de maíz de tamaño gigante y su bebida. Por un instante, pensé en sacar un pie y hacerlo tropezar, pero no estaba seguro de que eso fuera lo que Jesús haría, así que el individuo se alejó y yo solo dejé escapar una risa medio pasiva y agresiva, y sacudí la cabeza en condescendencia.[6]

Cuando llegué al mostrador, le pregunté a la joven: "¿Cuál era el problema de ese tipo?". ¡Ella explicó que él se enojó *porque creía que ella le había puesto demasiadas palomitas de maíz en el cubo!* El individuo no creía poder cargarlo sin derramar algunas.

Fue entonces cuando lo supe... *definitivamente* Jesús lo habría hecho tropezar.

El hombre no estaba siendo objetivo. Miró su cubo que rebosaba de deliciosas palomitas de maíz con mantequilla y se enojó porque, tal vez, algunas se caerían al regresar a su asiento.

Una investigación ha demostrado que mientras más nos quejemos, más encontraremos motivos de queja.[7] Un estudio separó a los participantes en dos grupos. Al primer grupo se le asignó que llevara un "diario de molestias" por cosas que les disgustaban. A

---

6. Porque creo que todos podemos estar de acuerdo en que Jesús habría hecho al menos eso.

7. Harvard Mental Health Letter, "Alabanza de la gratitud", *Harvard Health Publications*, noviembre 2011, http://www.health.harvard.edu/newsletter_article/in-praise-of-gratitude.

los participantes en el segundo grupo se les dijo que llevaran un "diario de acción de gracias" de las cosas por las que estaban agradecidos. Se descubrió que quienes llevaban diarios de acción de gracias tenían, en general, mayor energía y entusiasmo, dormían mejor y se deprimían menos. También descubrieron que lo que a cada grupo se le asignó que hiciera intencionalmente, comenzaron a hacerlo involuntariamente. Pero quienes debían enumerar las molestias se volvieron cada vez más insatisfechos. Los que tuvieron que enumerar cosas positivas se volvieron cada vez más agradecidos. Murmurar, al igual que la gracia, tiene una manera de convertirse en los lentes a través de los cuales vemos la vida.

Quejarnos nos mantiene enfocados en lo que queremos que sea diferente, en lugar de ser agradecidos por lo que tenemos. Por tal motivo, muchas personas que visitan países del tercer mundo regresan más agradecidas por lo que tienen. Han recibido el don de la perspectiva. Si estás en las redes sociales, tal vez hayas visto la etiqueta #FWP, que representa las siglas en inglés de "problemas del primer mundo". Esto suele usarse para burlarse de las personas que se quejan de los "problemas" que deberían verse como bendiciones. He aquí algunos ejemplos reales sacados de la Internet:

> "Frustra mucho llegar del supermercado a casa y no poder hacer que la comida entre en la refrigeradora".
> "Esta película tarda muchísimo tiempo en descargar".
> "Estoy harto de comer en todos los restaurantes cerca del trabajo".
> "¡Uf! Odio que mi reloj Apple no registre la distancia correcta cuando corro en la playa. Está claro que este va a ser uno de esos días".

Quejarnos nos hace obsesionarnos cada vez más con nuestras circunstancias "menos que perfectas". Por otra parte, la gratitud no depende de las circunstancias. Reconoce que la gracia de Dios es razón suficiente para estar agradecidos en todas las circunstancias. Sé que esto me hará parecer un poco patético, pero a veces lucho con alegrarme en los aviones. Sí, en vez de apreciar el milagro de volar y estar agradecido por hacer un viaje en pocas horas, que no muchos años atrás habría requerido meses, me encuentro insatisfecho por no estar en primera clase. Paso junto a los pasajeros de primera clase, con sus enormes cantidades de espacio para las piernas y apoyabrazos del tamaño de camas pequeñas, hacia mi reducido espacio en clase turista. De inmediato, pongo el brazo en el delgado apoyabrazos, porque tienes que proteger ese territorio desde el principio.[8] Luego agarro la revista del avión, y esta me arruina. Está llena de invenciones que no sabías que existían, pero que ahora te das cuenta de que no puedes vivir sin ellas.[9] Al igual que los israelitas, olvido lo que tengo y me quejo de lo que no tengo.

Dios quiere que yo sea agradecido, pero cuando me quejo, pierdo de vista aquello por lo que debo estar agradecido.

Hace poco, un amigo cercano decidió que, en lugar de vender su auto usado o de cambiarlo, iba a regalárselo a su hermana, quien lo necesitaba realmente. El vehículo valía como diez mil dólares, estaba en buen estado, e incluso lo había reparado antes de firmar el título de propiedad. Cuando se lo entregó a su hermana, ella agradeció, pero eso fue todo.

Unas semanas más tarde, la hermana le envió un mensaje de texto en el que se quejaba de tener que pagar impuestos del vehículo y poco después se quejó de tener que ponerle dos llantas nuevas. Al verla recientemente, ella empezó a decirle que el aire acondicionado no estaba enfriando suficiente. Mi amigo estaba

---

8. ¡Solo un pasajero ganará!
9. No se lo digas a mi esposa, pero encargué por correo un robot. No te preocupes, compré algo para ella también: un inodoro cuya tapa baja automáticamente después que el marido se va.

más que molesto por las quejas. Cuando terminó de hablarme al respecto, esta fue la conclusión a la que llegó: "Debí haber cambiado mi auto. Créeme, esa será la última vez que hago algo así". Él estaba tratando de ser generoso y considerado, y en vez de ser agradecida, ella se quejaba constantemente. Los quejumbrosos se quejarán. No importa cuán generosa sea la provisión o cuán considerado sea el regalo, siempre encontrarán algo de qué quejarse. Mientras más te quejes, más hallarás algo de qué quejarte. Los israelitas inventaron cosas de qué quejarse. Actuaron como si todo el día hubieran estado sentados en Egipto comiendo carne: "Oigan chicos, ¿recuerdan que cuando estábamos en Egipto nos sentábamos alrededor de la parrilla y bebíamos café expreso? ¡Qué días aquellos!".

Quejarse es contagioso

Al igual que la gracia, quejarse tiene una forma de difundirse. Quejarse se propaga de persona en persona y puede contagiar a toda una comunidad. Solo se necesita un miembro de la familia que sea quejumbroso, un vecino negativo o un par de miembros críticos de iglesia, para que toda una comunidad se contamine.

Quejarse es contagioso, porque quien se queja les señala a todos cómo las cosas pueden ser mejores. Si entras a una habitación y les dices a quienes están ahí que hace mucho frío, pronto todos sentirán frío. No notarás que el relleno de Acción de Gracias está seco hasta que alguien lo señale. Nunca te molestó que el partido no estuviera en alta definición hasta que alguien empieza a hablar de lo mejor que sería observarlo en HD.

En Números 11, las quejas comenzaron con la "chusma" que pronto hizo que *todos* se quejaran. El pueblo de Dios debió haber sido positivo y agradecido porque el Señor los había rescatado y les había provisto pero, en vez de eso, el ruido que Dios oyó desde el cielo fueron puras quejas.

Razones para estar agradecido

En su libro *Seeing through the Fog* [Cómo ver a través de la niebla], Ed Dobson, antiguo pastor de una megaiglesia, habla acerca de sus primeros doce años de vivir con la enfermedad de Lou Gehrig, o esclerosis lateral amitrófica (ELA). Se trata de una condición degenerativa sin causa o cura conocida. Dobson comunica su lucha constante por agradecer, mientras vive con una condición incurable. Este hombre escribe:

Hay muchas cosas por las que no estoy agradecido. Ya no puedo abotonar los botones de mi camisa. Ya no puedo ponerme una chaqueta pesada. Ya no puedo levantar la mano derecha por sobre la cabeza. Ya no puedo escribir. Ya no puedo comer con la mano derecha, lo hago con la izquierda, y ahora hasta eso está convirtiéndose en un reto. Y con el tiempo todas esas dificultades empeoran. ¿Por qué entonces tengo que estar agradecido?

Por mucho.

Señor, gracias por despertarme esta mañana. Señor, gracias porque puedo girar en mi cama. Señor, gracias porque todavía puedo levantarme. Señor, gracias porque puedo caminar hasta el baño... Señor, gracias porque aún puedo cepillarme los dientes... Señor, gracias porque todavía puedo desayunar. Señor, gracias porque puedo vestirme. Señor, gracias porque aún puedo conducir mi auto. Señor, gracias por poder caminar. Señor, gracias porque todavía puedo hablar. La lista sigue y sigue. En mi viaje con ELA, he aprendido a enfocarme en lo que puedo hacer, no en lo que no puedo. He aprendido a estar agradecido por las cosas pequeñas en la vida y por lo mucho que aún puedo hacer.[10]

He aquí un hombre que se encuentra en una dolorosa y debilitante marcha hacia la muerte. Parecería que tiene mucho

10. Ed Dobson, *Seeing through the Fog: Hope When Your World Falls Apart* (Colorado Springs: David C. Cook, 2012), pp. 69-70.

de qué quejarse, pero no está viendo la vida a través de esa lente. Él está mirando sus circunstancias a través de los lentes de la gracia y está agradecido.

¿Quejarse por bendiciones?

Hace poco decidí sentarme y mirar mi vida pasada a través de los lentes de la gracia de Dios. Lo que he descubierto es que puedo mirar hacia atrás en mi vida, y ver momentos en los que me quejé por lo que sucedía, en lugar de descubrir la gracia de Dios en ello. Seguramente, en esa situación quise que las cosas fueran diferentes, pero hoy puedo ver cómo la gracia ha redimido tales cosas en mi vida.

Por ejemplo, estoy en mi trabajo soñado debido a un inodoro repugnante. Déjame explicar. Una de las más grandes alegrías que he tenido en la vida estos días es pastorear en una iglesia maravillosa en Louisville, Kentucky. Sé que solo es por la buena gracia de Dios que he tenido el privilegio de ser parte de lo que Él está haciendo en esta congregación. Estoy increíblemente agradecido por el privilegio. Pero ahora comprendo que lo que Dios usó para traerme a este lugar, a menudo, implicó circunstancias de las que me quejé y situaciones que quise que fueran diferentes en ese tiempo.

Déjame rastrear la gracia de Dios a través de estas circunstancias (trataré de invertir la ingeniería de la gracia de Dios; permanece conmigo en esto).

Antes de venir a ser pastor en Louisville, dirigía una iglesia que yo había comenzado en el condado de Los Ángeles. Al salir del seminario, no quería iniciar una iglesia; quería predicar. Había enviado solicitudes como a una docena de iglesias, pero ninguna de ellas me llamó. Al parecer no estaban interesados en un predicador de veintiún años edad sin experiencia. Me di cuenta de que la única manera en que iba a poder predicar en una iglesia era iniciar una. En ese momento, esto no me pareció justo. Ciertamente, no estaba agradecido y pensé: *Me gustaría que las cosas fueran diferentes.*

Quería ser predicador porque en la universidad llegó a gustarme la predicación. Nunca pensé que sería un predicador. Siempre pensé que sería pastor de jóvenes. Ese era el plan. Es más, durante mi primer año, envié solicitudes a muchas iglesias con la esperanza de ser su pastor de jóvenes, pero nadie se interesó.

Entonces, un fin de semana una pequeña iglesia en la ciudad estaba desesperada por un predicador. Me llamaron un jueves y me pidieron que predicara ese domingo. El domingo entré a un santuario con dos docenas de personas ancianas que conformaban la congregación. Dichosamente, me pidieron que regresara la semana siguiente, luego la próxima semana, y prediqué en esa iglesia durante cuatro años.

La razón de que me sintiera cómodo predicando ese primer fin de semana, aunque solo tenía dieciocho años en ese tiempo, fue porque cuando tenía dieciséis, tuve un trabajo como guía turístico en la capilla Precious Moments en mi ciudad natal.[11] Sí, puedes reír.[12] Miles y miles de invitados llegaban cada año a esta capilla, y yo hablaba a grandes multitudes de ellos como su guía turístico. Precious Moments tiene una base bíblica, así que con regularidad yo tenía que presentar el evangelio. Nunca planifiqué trabajar en Precious Moments. En ese tiempo, no quería trabajar y deseaba que las cosas fueran distintas.

Tuve que conseguir un trabajo porque no mucho tiempo después de obtener mi licencia de conducir pedí prestado el auto de mamá para ir hasta Taco Hut, el cual *no* era un lugar seguro para comer. Pero de todos modos comí allí.

---

11. Un museo de esas estatuillas de ojos llorosos que tu abuela solía coleccionar.
12. No reirías si vieras mi colección.

Después de comer en Taco Hut, me dirigí a casa, estacioné el auto de mamá en la entrada y entré *corriendo* a la casa. Poco después salí y vi el auto de mamá en medio de la calle. Había retrocedido por la entrada y se había estrellado contra nuestro buzón. Sí, el vehículo tuvo un daño significativo. Mis padres me dijeron que debía pagar las reparaciones. Yo no estaba agradecido por esas circunstancias. Habría querido que las cosas fueran diferentes, así que conseguí un trabajo para pagar los daños. El auto retrocedió por la entrada porque olvidé engranarlo. No había manera de que yo fuera a usar los baños en Taco Hut. Sencillamente, eran demasiado sospechosos.[13] Así que me apresuré a casa lleno de pánico por entrar y usar el baño... por lo que descuidé engranar el auto.

¿Estás todavía conmigo? ¿Estás uniendo estas piezas? ¡La razón de que hoy día tenga mi trabajo soñado, predicando en nuestra asombrosa iglesia, es porque los baños en Taco Hut de mi ciudad natal eran asquerosos!

Piensa ahora en lo más digno de quejarte en tu vida. Adelante. Antes de quejarte al respecto, considera cómo la gracia de Dios podría estar obrando en conseguir una bendición con esto. ¿Qué tal si al hacerte pasar por esta situación, Dios en realidad vaya a traerte una bendición más adelante? En última instancia, puesto que adoramos a un Dios de resurrección, nuestras razones circunstanciales para quejarnos son muy pocas. Si Dios puede convertir la muerte de Jesús en nuestra salvación, simplemente puede hacer cualquier cosa con lo que estemos atravesando.

¿No estás convencido aún? Te animo a tratar de invertir la ingeniería de la gracia de Dios en tu vida. Podrías encontrar razones para estar agradecido por la gracia de Dios, que actuó en muchas de las circunstancias que deseaste que fueran distintas, y de las que, en el pasado, te quejaste mucho.

---

13. Esos baños se parecían al Hotel California: podías entrar, pero quizá no salieras más.

Cuando alguien que de veras te importaba te rechazó, tal vez quisiste que todo fuera distinto, pero ahora que estás casado con el amor de tu vida, puedes mirar hacia atrás y ver la gracia de Dios.

Cuando no te aceptaron en ese programa en la escuela o no obtuviste ese ascenso en el trabajo, tal vez no parecía justo en ese entonces, y hubieras querido que las cosas fueran diferentes, pero ahora que estás haciendo lo que te gusta, puedes mirar hacia atrás y ver la gracia de Dios.

A veces miramos hacia atrás y nos damos cuenta de que estuvimos quejándonos por una bendición.

Cuando te diagnosticaron cáncer y pasaste por quimioterapia, casi seguramente deseaste que todo fuera distinto, pero viste a Jesús durante ese tiempo en tu vida y ahora puedes mirar hacia atrás y ver la gracia de Dios.

A veces miramos hacia atrás y nos damos cuenta de que estuvimos quejándonos por una bendición. La gracia de Dios estaba actuando en nuestras vidas, pero estábamos demasiado ocupados quejándonos, como para estar agradecidos por eso.

Perdóname por los días en que no fui agradecido

Recibí la solicitud de Marcos en la que pedía a la iglesia que le ayudara a pagar su lápida y pensé: *Tengo que conocer a este tipo.* Pronto lo conocí.

Resulta que Marcos despertó una mañana con ictericia. Él mismo se describió "anaranjado como una calabaza". Había sido un bebedor fuerte a principios de su vida y supuso que tenía cirrosis hepática. Fue al hospital para someterse a una prueba, y a las pocas horas le diagnosticaron cáncer de páncreas. Le dijeron que solo tenía pocos días de vida.

Lo sometieron a quimioterapia, y el avance del cáncer se desaceleró, lo cual le dio más tiempo del que los médicos predijeron.

Le pregunté a Marcos acerca de ser agradecido en circunstancias tan difíciles.

Respondió: "Todo empezó… empezó lentamente. Comencé a ser agradecido por cosas pequeñas, como la ropa, mi próxima comida, tales cosas materiales, sabes, que consideramos nuestro pan de cada día. Y empecé a ver las cosas a través… a través de ojos diferentes. Ahora las veo en una luz eterna: cómo esta vida tendrá un efecto profundo en mi próxima vida, y cómo anticipar la próxima vida tiene un efecto profundo en la que ahora vivo. Esto ha sido realmente asombroso".

Le pregunté respecto de la inscripción que quería en su lápida.

Marcos declaró: "Quiero enviar un mensaje a todo transeúnte rebelde que se tope con mi lápida y que tal vez se identifique con ella, y a quien tenga ojos para discernir el mensaje. El renglón simple es: Perdóname por los días en que no fui agradecido. Esa única frase muestra mi problema: No era agradecido. Y también incluye la solución: Perdóname. Ese es el mensaje que deseo transmitir".

Mensaje recibido.

Dios, perdónanos por los días en que no fuimos agradecidos.

Danos gracia para reconocer tu gracia y saber que esta siempre es motivo suficiente para ser agradecidos, aunque quisiéramos que las cosas fueran diferentes.

Más poderosa que tus debilidades

Recientemente me hablaron de un artista exitoso llamado Phil Hansen. Su enfoque revolucionario para crear arte lo ha hecho increíblemente popular y ha inspirado a millones de personas. Me familiaricé con el arte de Hansen observando su charla TED llamada "Aceptar el temblor". Si no la has visto, te animo a que la busques y dediques diez minutos a verla.

En el instituto de arte, Phil comenzó a desarrollar un temblor en su mano. Durante años se había esforzado por convertirse experto en puntillismo, una técnica en la que el artista usa puntos pequeños y desiguales para formar una imagen. Años de hacer tediosamente diminutos puntos le habían provocado daño permanente en los nervios, que le imposibilitaba mantener firme la mano. De pronto la habilidad distintiva de Phil, hacer hermosas imágenes de pequeños y perfectos puntos, se convirtió en su incapacidad distintiva. Su fortaleza se había convertido en su debilidad. Renunció al arte por un tiempo, pero su neurólogo dijo algo que lo atrapó.

"¿Por qué, simplemente, no aceptas el temblor?".

Luego, Phil empezó a experimentar otra vez con el arte, y sucedió lo más increíble. El temblor que él creía que le había destruido su habilidad artística se convirtió en lo que más inspiró su obra poderosa. Su debilidad se convirtió en su fortaleza. Phil se dio cuenta de que lo que él pensaba que eran sus limitaciones llegó a ser un catalizador para mayor creatividad. Se convenció de esta dinámica y se preguntó qué tipo de arte podía producir si intencionalmente se limitaba a sí mismo. ¿Qué tal si pudiera utilizar solo un dólar de suministros? ¿Y si tuviera que pintar, pero si no pudiera usar pincel? ¿Qué pasaría si hiciera arte no para exhibir, sino para destruir? ¿Qué tal si tuviera que confiar en otras personas para crear el contenido? Aprendió a "aceptar el temblor" y descubrió que el arte que salió de su debilidad terminó desarrollando sus obras más inspiradoras. Él lo explica de esta forma: "Primero debemos estar limitados a fin de volvernos ilimitados".[1]

Rechazo de la debilidad

No es fácil "aceptar el temblor". Hemos crecido aprendiendo que debemos resaltar nuestras fortalezas y ocultar nuestras debilidades. No aceptamos nuestras limitaciones; nos avergonzamos de ellas, tanto que a menudo nos negamos a admitirlas.

En casa a veces vemos *Tanque de tiburones*, un programa en que inventores y empresarios buscan socios financieros lanzando sus productos o negocios a un grupo de cinco acaudalados inversores. En la mayoría de los casos, cuando escucho a uno de los inventores hablar de su nuevo producto, me pregunto: *¿Por qué no se me ocurrió eso?* Y no puedo ser el único que haya visto el programa y que pensara: *Un momento, ¡yo sí pensé en eso!*

---

1. Phil Hansen, "Embrace the Shake" [Acepta el temblor], TED Talk, febrero de 2013, http://www.ted.com/talks/phil_hansen_embrace_the_shake?language=es.

Si ves el programa, tal vez recuerdes un invento llamado el "Espejo delgado". Este espejo usa un vidrio curvo para crear una ilusión óptica de modo que el usuario se verá cinco kilos más delgado. Originalmente, fue ideado para usarlo en casa, pero sus creadores descubrieron que los minoristas estaban muy interesados en usar el espejo para ayudar a vender ropa. Si estás probándote ropa en el almacén y utilizas el "Espejo delgado" a fin de ver cómo te queda, lo más probable es que hagas una compra. Lo que me pareció muy interesante acerca del "Espejo delgado" es que no tratan de ocultar lo que es. Es más, colocan el nombre comercial en el espejo. Así que la próxima vez que vayas a un almacén a probarte un par de vaqueros ajustados y te guste lo que ves en el espejo, hagas lo que hagas, no busques en la esquina inferior derecha el logo de "Espejo delgado". Podrías quedar devastado.

Estaba pensando en que, tal vez, alguien podría desarrollar toda una línea completa de productos relacionados con la idea de que no queremos admitir la verdad acerca de nuestra debilidad. He aquí algunas ideas que se me ocurrieron:

1. "Balanza delgada", un producto complementario al "Espejo delgado". Cuando te pesas en esta balanza, te da una cantidad de cinco kilos menos que la realidad. De este modo, ¡lo que ves en la balanza coincide con lo que ves en el espejo!

2. "Tazón delgado". ¿Deseas comer todo un pote de helado, pero no quieres sentirte culpable al respecto? Simplemente ponlo en el "Tazón delgado". No te preocupes, esto no significa que obtendrás menos. El "Tazón delgado" sería un tazón *enorme* diseñado como una ilusión óptica para hacerte sentir que estás comiendo menos de lo que en realidad comes.

3. "Gafas delgadas". Te das cuenta de que tu espejo te hace ver genial, y tu balanza lo respalda, pero ¿qué verá

realmente tu cita a ciegas? Solo pídele que se ponga un par de "Gafas delgadas", ¡y verá exactamente lo que quieres que vea!

¡Negar la debilidad puede ser un negocio lucrativo!

Círculo hermoso

Preferiríamos mucho más un espejo mágico que nos mienta a uno que nos diga la verdad acerca de nosotros mismos. Pero todos experimentamos momentos en que nos enfrentamos con la verdad de nuestras limitaciones.

Un día llegue del trabajo sin tener ni idea de que algo estaba mal. Mi esposa me saludó en la puerta y me contó que Morgan, nuestra hija de dos años, todavía estaba durmiendo, pero que ya había dormido suficiente, y me pidió que fuera a despertarla. Esa es una labor que me encanta.[2] Cuando abrí la puerta de su alcoba, me di cuenta de que una enorme cómoda de pino se había caído al piso. Al principio, no se me ocurrió la posibilidad de que Morgan estuviera debajo de ese mueble. La busqué alrededor del cuarto y la llamé por su nombre... antes de darme cuenta de que la niña debía de estar debajo de la cómoda.

Frenéticamente, levanté el mueble. Morgan parecía sin vida... no se movía ni hacía ninguna clase de ruido. Le grité a mi esposa. Morgan respiraba, pero estaba inconsciente. Estaba morada y tan hinchada que no parecía ella. Agarré el teléfono y marqué 911, sonó y sonó, pero nadie contestó. Colgué. Mi esposa tenía a Morgan en brazos, mientras corríamos al auto y salíamos a toda velocidad hacia el hospital.

Yo conducía, y mi esposa estaba en el asiento trasero cargando a nuestra hija. Volví a llamar al 911, pero aún no obtuve

---

2. Ella tiene ahora dieciséis años, así que despertarla... ya no es tan divertido.

respuesta. Sonaba y sonaba. Estaba asustado y enojado. Era la primera vez en mi vida que llamaba al 911, ¡y nadie contestaba! Me sentí muy indefenso. Desesperado. No había nada que pudiera hacer para ayudar.

Estaba preparándome para marcar otra vez 911, y si alguien no contestaba esta vez, el 911 iba a tener que marcar 911 para cuando yo terminara con ellos. Pero entonces escuché a mi esposa orando por Morgan, clamándole a Dios desde el asiento trasero. Colgué y empecé a orar a Dios en voz alta con ella. Nuestras oraciones no eran ordenadas y no estaban bien articuladas. No le dije a mi esposa: "Ora tú, luego yo oraré". Parecían más gritos que una conversación.

Finalmente, llegamos al hospital y entramos corriendo. Morgan aún no se movía ni hacía ningún ruido. Los minutos siguientes son un poco borrosos para mí. Médicos y enfermeras la rodeaban mientras decidían qué exámenes debían hacer para averiguar qué estaba mal. Buscaron sangrado interno, fracturas de cráneo, huesos rotos. Pudieron ayudar a Morgan a recuperar la conciencia y despertar, pero seguía sin respondernos. La llevaron a rayos X y le hicieron una resonancia magnética. Solo permitían que uno de los padres regresara con ella a la habitación. Mi esposa entró directamente, y quedé afuera solo en el pasillo.[3]

Me desplomé, me senté contra la pared y seguí orando y clamando a Dios. No recuerdo si había gente alrededor, y no me habría importado. No me importaba lo que pensaran. No me preocupaba por cómo me veía ni qué parecía. Las personas desesperadas no se preocupan por tales cosas.

Pasamos la noche en el hospital. Los médicos nos dijeron que no parecía haber ningún daño interno pero, por alguna razón, Morgan no podía mover la pierna izquierda. El médico

---

3. Ahora que lo pienso, la decisión de quién debía entrar no se tomó de modo muy diplomático. No hubo debate ni votación.

explicó que había mucho que la comunidad médica todavía no sabía acerca de daño en los nervios... no creía que fuera algo permanente, pero no había forma de saber cuándo la niña podría mover la pierna.

Semanas después, Morgan seguía sin poder mover la pierna, y nos advirtieron que los músculos de las piernas podrían comenzar a atrofiarse. Pero ¿qué podría hacer yo? No podía hacer nada. Cada mañana, mi esposa y yo entrábamos a su habitación, la despertábamos y orábamos por ella. Y cada mañana decíamos lo mismo: "Morgan, mueve los dedos de los pies". "Mueve los dedos de los pies, Morgan". Y cada día ella miraba los dedos de sus pies con una mirada muy resuelta. Después de algunos momentos, nos miraba con una sonrisa y decía: "No funcionan".

Pero un día... funcionaron. Solo se movieron un poco, pero se movieron. Finalmente, todo el daño nervioso sanó. Morgan se recuperó totalmente y pudo volver a correr.

Al mirar hacia atrás, sentado en el suelo helado del pasillo de ese hospital, recuerdo el sentimiento de impotencia absoluta. No había nada que yo pudiera hacer. Sin embargo, he aquí lo que pasó: nunca había sentido más cerca o más real a Dios que en ese momento. He orado en hermosos santuarios y he adorado en coliseos repletos, pero Dios se me mostró de modo más poderoso en un pasillo helado y silencioso de hospital. Mi impotencia completa fue una precondición necesaria para experimentar el poder y la presencia total de Dios.

Tal vez hayas estado en una situación en que no pudiste negar que no tenías lo que se necesita.

Si no es así, espérala.

Si has estado en algo así, es probable que haya sido una experiencia dolorosa para ti. Pero la verdad sobre ese momento es que, aunque pudo haber sido lleno de dolor, también tuvo la mayor posibilidad de estar lleno del poder de Dios. ¿Por qué?

Porque podemos recibir la gracia de Dios solo en la medida en que podamos reconocer nuestra necesidad de ella.

Vivimos en una cultura que alaba la fortaleza y condena la debilidad, pero la gracia nos permite celebrar nuestra debilidad. Cuando aclamamos nuestra debilidad, se abren las compuertas para que la gracia se derrame en nuestras vidas. Cuando la gracia se derrama en nuestras vidas, nos permite gloriarnos aún más en nuestra debilidad.

Se trata de un círculo, un círculo hermoso.

Podemos recibir la gracia de Dios solo en la medida en que podamos reconocer nuestra necesidad de ella.

Si el poder de Dios actúa mejor en la debilidad, entonces reconocer *que no tienes lo que se necesita* te permitirá recibir la gracia de Dios, lo cual te permite celebrar tu debilidad, que a su vez hace espacio para que más gracia se derrame en tu vida. Quedas atrapado en un círculo hermoso de gracia.

Poder en la debilidad

Cuanto más podamos reconocer nuestra debilidad, mayor será nuestra oportunidad de experimentar el poder de Dios en nuestras vidas. Esto no me viene de modo natural. Muy a menudo, soy la última persona en identificar mi debilidad.

Hace poco fui a Walmart a comprar tinta para mi impresora de casa. Mientras estaba allí, vi un perchero de pantalones cortos en oferta por solo diez dólares. Pensé: *Ya casi es verano. Puedo usar pantalones cortos. ¡Y solo por diez dólares!*, así que agarré un par talla 34. No me los probé porque… soy hombre. Eso no es lo que deseamos hacer. Al día siguiente, fui a ponerme los pantalones cortos, pero estaban demasiado apretados. Es decir, no lograba abotonarlos. El botón se había asustado; ¡estaba haciendo todo lo posible por salvar su vida!

¿Adivinas lo que *nunca* pensé? Nunca pensé: *Podría perder algunos kilos.* ¿Por qué no? Porque eso sería admitir debilidad, y si estoy siendo sincero, prefiero no hacer tal cosa. Así que el primer pensamiento que vino a mi mente fue: *Obtienes aquello por lo que pagas.* El segundo: *Walmart debió haberlos marcado a diez dólares porque no eran del tamaño correcto. Estos pantalones cortos en realidad deben ser de setenta y cinco centímetros de cintura.*

Puedo reír de esto cuando se trata de un par de pantalones ajustados que me costaron diez dólares, pero mi rechazo a ser sincero conmigo mismo en cuanto a mis luchas y mi debilidad ha sido mucho más costoso para mí como esposo, padre, amigo y pastor.

Cuando puedo identificar las áreas en las que no tengo lo que se requiere y ser intencional respecto a pedirle ayuda a Dios, abundan su gracia y su poder.

El doloroso aguijón

Pablo aprendió no solo a reconocer su debilidad, sino a gloriarse en ella. En la Biblia, tenemos dos epístolas que el apóstol escribió a la iglesia en Corinto. Esta era una ciudad que alababa la fortaleza. Se la conocía por sus lujosos estilos de vida, su impresionante arquitectura y su élite social. Como ciudad de destino, Corinto era el lugar para ir de placer y tener una vida exótica. Y el estilo corintio de arquitectura se caracterizaba por enormes columnas con detalles increíbles que se construían para exhibir poder.

Después que Pablo escribió su primera carta a los corintios, algunos falsos maestros llegaron a la ciudad y comenzaron a ganar a la gente con su jactancia. Presentaban sus currículos religiosos y presumían de sus asombrosas experiencias espirituales.

Pablo quiere que los corintios vean lo equivocados que son estos falsos maestros. Quiere que los corintios aprendan a gloriarse en sus debilidades. Pero el apóstol sabe que la única manera de que lo escuchen hablar de debilidad es que conozcan las fortalezas que posee, así que tiene que empezar allí. Se siente un poco ridículo hablando de sus calificaciones y credenciales, pero sabe que es la única forma de que lo oigan cuando hable en cuanto al valor de ser débil. Por tanto, empieza:

Para vergüenza mía lo digo, para eso fuimos demasiado débiles. Pero en lo que otro tenga osadía (hablo con locura), también yo tengo osadía. ¿Son hebreos? Yo también. ¿Son israelitas? Yo también. ¿Son descendientes de Abraham? También yo. ¿Son ministros de Cristo? (Como si estuviera loco hablo.) (2 Co. 11:21-23).

Luego explica cómo sus fortalezas y experiencias pudieron haberlo llevado a poner la confianza en sí mismo, al pensar: *Tengo lo que se necesita.* Pero observa cómo continúa:

Para que la grandeza de las revelaciones no me exaltase desmedidamente, me fue dado un aguijón en mi carne, un mensajero de Satanás que me abofetee, para que no me enaltezca sobremanera; respecto a lo cual tres veces he rogado al Señor, que lo quite de mí (12:7-8).

¿Cuál fue el "aguijón en la carne" de Pablo? Los eruditos bíblicos han sugerido muchas posibilidades, pero ninguna es segura. Echaremos un vistazo a algunas de ellas, pero me pregunto si Pablo no fue preciso a fin de que nos fuera más fácil llenar el espacio en blanco con nuestro propio aguijón.

¿Cuál es el tuyo? ¿Qué has suplicado a Dios que cambie, sane o quite? ¿Qué en tu vida te obliga a reconocer debilidad?

Mi debilidad es: _____.

¿Qué escribirías en ese espacio en blanco? Una vez más, la idea de este libro no es que *aprendas* que la gracia de Dios es más grande que tu debilidad, sino que *experimentes* la gracia de Dios al recibir su poder en tu debilidad. Mantén tu debilidad en mente a medida que consideramos lo que pudo haber sido para Pablo.

El aguijón de Pablo

He reflexionado en lo que el apóstol pudo haber escrito en ese espacio en blanco. Pudo haber escrito la palabra *enfermedades*. La Biblia sugiere que Pablo no fue el tipo más apuesto. Otros versículos indican que pudo haber tenido una visión terrible o incluso epilepsia. Si se refería a una enfermedad física, descubrió que la gracia de Dios era más grande.

Joni Eareckson Tada aprendió una lección parecida. Siendo adolescente, se volvió cuadripléjica por un accidente mientras nadaba. Desde entonces se ha convertido en una popular escritora cristiana y, en un artículo, relata esta historia:

La sinceridad siempre es la mejor política, pero en especial cuando te rodea una multitud de mujeres en un baño durante un recreo en un congreso de mujeres cristianas. Una señora estaba aplicándose lápiz labial.

—Oh, Joni, siempre te ves tan bien y tan feliz en tu silla de ruedas —manifestó—. ¡Me gustaría tener tu alegría!

Varias mujeres a su alrededor asintieron.

—¿Cómo lo haces? —preguntó ella mientras tapaba el lápiz labial.

—No lo hago —contesté—. En realidad, ¿puedo decirte sinceramente cómo desperté esta mañana?

Respiré profundamente.

—Este es un día normal —continué—. Después que mi esposo Ken sale a trabajar a las seis de la mañana, me quedo sola hasta que oigo abrirse la puerta principal a las siete, cuando una amiga llega para levantarme. Mientras la escucho haciendo café, oro. "Señor, mi amiga pronto me bañará, me vestirá, me sentará en la silla, me cepillará el cabello y los dientes, y me sacará. No tengo las fuerzas para enfrentar esta rutina una vez más. No tengo recursos. No tengo una sonrisa para usar durante el día. Pero tú sí. ¿Puedes darme una de las tuyas? Dios, te necesito desesperadamente"

—¿Qué pasa entonces cuando tu amiga entra por la puerta de la habitación? —preguntó una de las mujeres.

—Giro la cabeza hacia ella y le ofrezco una sonrisa enviada directo desde el cielo. No es mía. Es de Dios —respondí y luego señalé mis piernas paralizadas—. Así que cualquier gozo que vean hoy fue difícilmente ganado esta mañana.

He aprendido que mientras más débiles somos, más necesitamos apoyarnos en Dios; y mientras más nos apoyemos en Dios, más fuerte descubrimos que Él es.[4]

Me pregunto si tienes alguna enfermedad que le has rogado a Dios que te quite, pero no lo ha hecho. Y me pregunto si eso te ha obligado a apoyarte en Dios.

Otra palabra que Pablo pudo haber escrito en ese espacio en blanco es *incapacidades*. No sabemos si esto era su "aguijón", pero el apóstol menciona varias veces que no era un orador muy elocuente o persuasivo. En este caso, la gracia de Dios entró en la vida de Pablo en un modo tan poderoso que durante años fue el principal vocero del cristianismo. Escribió cerca de la mitad del Nuevo Testamento. Cuando somos débiles, Dios es fuerte.

Pienso en mi naturaleza algo introvertida. Estar alrededor de mucha gente por mucho tiempo puede ser agotador para mí. Ojalá no lo fuera. Es algo con lo que batallo. Para ser sincero, batallo con que esto sea una lucha para mí. Creo que Dios me ha llamado a ser pastor, y lo malo de ser pastor es que a menudo significa estar rodeado de muchas personas. Trabajo con algunos

---

4. Joni Eareckson Tada, "Joy Hard Won", *Decision*, marzo de 2000, p. 12.

pastores que son fabulosos en esos entornos y son energizados por otras personas. Los he envidiado y le he pedido a Dios que me ayude a ser más extrovertido. No lo ha hecho. He aprendido que la única forma de que yo pueda "tener lo que se necesita" para ser pastor es apoyarme en Dios y ser intencional en cuanto a encontrar mi fortaleza en Él. También me he dado cuenta del poder de Dios en mi debilidad al usarla en algunas maneras inesperadas y asombrosas.

¿Qué incapacidad te atormenta? Tal vez se trate de algo respecto a ti que deseas que sea distinto, pero quizá ese es el mismo ámbito donde el poder de Dios te utiliza de modo más significativo.

Otra palabra que Pablo pudo haber escrito en ese espacio en blanco es *ineptitud*. A veces el apóstol expresa sentimientos de incompetencia. Se vio en situaciones en que no pudo dejar de llegar a la conclusión: "No tengo lo que se necesita". Él habla de retos que atravesó en su ministerio y de sus sentimientos de incompetencia en el llamado que Dios le hizo.

El poder de Dios es atraído hacia la debilidad. Su gracia llega corriendo a aquellos en necesidad.

En 2 Corintios 1:8, Pablo explica: "Fuimos abrumados sobremanera más allá de nuestras fuerzas". El apóstol se da cuenta de que el peso de la dificultad fue más de lo que pudo soportar. Es suficientemente humilde para ser sincero consigo mismo y admitir que sus habilidades no son iguales a su misión. Por tanto, ¿cómo permitiría Dios que ocurriera esta clase de desajuste?

En el versículo 9, Pablo nos brinda la respuesta a esta pregunta: "Para que no confiásemos en nosotros mismos, sino en Dios que resucita a los muertos". El poder de Dios es atraído hacia la debilidad. Su gracia llega corriendo a aquellos en necesidad.

Sea lo que sea con que llenes el espacio en blanco, cualquiera que sea tu aguijón, la gracia de Dios es más grande que eso.

Gloriémonos en nuestra debilidad

No sabemos con exactitud qué palabra usaría Pablo para llenar el espacio en blanco para su debilidad. Pero dejó en claro que la gracia de Dios siempre basta

> Me ha dicho: Bástate mi gracia; porque mi poder se perfecciona en la debilidad. Por tanto, de buena gana me gloriaré más bien en mis debilidades, para que repose sobre mí el poder de Cristo. Por lo cual, por amor a Cristo me gozo en las debilidades, en afrentas, en necesidades, en persecuciones, en angustias; porque cuando soy débil, entonces soy fuerte (12:9-10).

Muchas personas han memorizado ese versículo como "Bástate mi gracia". Otra traducción dice: "Con mi gracia tienes más que suficiente" (RVC). Luego se nos informa que su poder se perfecciona en la debilidad. Es decir, llena nuestros espacios en blanco. Mientras más ancho el espacio en blanco, más puede exhibirse la gracia y el poder de Dios.

La gracia permitió a Pablo gloriarse en su debilidad. Al hacerlo, se abrió la compuerta para que más gracia se derrame en su vida, lo cual le permitió gloriarse más en su debilidad.

El aguijón de Pablo le ayudó a darse cuenta de que podía recibir la gracia de Dios solo en la medida en que fuera capaz de reconocer su necesidad de ella. La experiencia del apóstol acerca de esa verdad lo llevó a "gloriarse en sus debilidades". Él se emocionó más por la debilidad que tenía que por su poder, porque en su debilidad humana había espacio para que Dios apareciera y mostrara lo que podía hacer. Reconocer la debilidad invita a la presencia y el poder de Dios en nuestras vidas.

Fuente de fortaleza

La última forma en que he reconocido cómo nuestra cultura encomia la fortaleza es una tendencia creciente a conceder títulos laborales que exageran la importancia de una posición. En general, que alguien use un título laboral exagerado no es tan grave, pero hay ocasiones en que esto cruza la línea. He aquí algunos ejemplos que he recopilado:

- Un anuncio para un "vendedor minorista" ofreció el puesto como un "Jedi minorista".

- Un "gerente de mercadeo" me dio una tarjeta comercial con el título "Estrella de rock en mercadeo".

- En vez del título de "gerente de medios de comunicación", un amigo mío fue contratado como "Gurú de medios de comunicación".

- Entra en línea y encontrarás allí una cantidad de "gerentes financieros" que han optado por presentarse con el título de "Ninjas de contabilidad".[5]

Entiendo lo atractivo de usar títulos laborales como estos, pero no parece justo para todo esforzado Jedi, estrella de rock, gurú y ninja allá afuera. No obstante, entiendo. Parte de mi persona quisiera ser "Jedi predicador", "Mago del liderazgo" o "Estrella de rock del servicio".

Nos encanta la fortaleza. Como no estoy seguro de que haya la posibilidad de que esto cambie, las preguntas que yo plantearía son:

- ¿Dónde encuentras fortaleza?
- ¿Cuánta fortaleza quieres?

---

5. Asesinos mortales, pero aburridos. Armas de elección: hojas de cálculo.

Tal vez la encuentres en tus propias reservas de fuerza de voluntad, pero es probable que hayas vivido tiempo suficiente para comprender que no existe mucha fortaleza disponible allí. Dios quiere que encuentres fortaleza en Él... fortaleza ilimitada. Vemos esto en toda la Biblia. Moisés, Gedeón, Elías, los apóstoles, Pablo... todos fueron intimidados por el llamado que recibieron. Pero a cada uno de ellos Dios le brindó la misma garantía. Dios declara: "Estaré contigo. Está bien que no tengas lo que se necesita, porque yo *sí* tengo lo que se necesita, y estaré contigo". Por la gracia de Dios, su fortaleza actúa mejor en nuestra debilidad.

Deja que fluya

Cierra los ojos e imagina algo. Está bien, eso no va a funcionar, porque no puedes leer con los ojos cerrados, pero trata de imaginar esto.

En tu mano hay una simple taza. Está vacía, y el vacío representa tu debilidad. Pero alguien te dirige a una manguera cercana que sale de una pared muy alta y muy extensa. No puedes ver el otro lado, pero el grifo funciona. Lo abres, y agua empieza a salir de la manguera. No está rociando, sino que lanza una especie de goteo. Esperas que haya suficiente al menos para llenar tu taza. El agua sube hasta el borde, entonces la manguera deja de fluir. Eso funcionó bien.

¿Captas el simbolismo? Correcto, el agua representa la gracia de Dios, exactamente lo que necesitamos. (Siempre me preocupa por qué la gente no capta mis metáforas).

El tiempo pasa, y aquí vienes de vuelta a la manguera. No hay señal de la taza; esta vez tienes un balde vacío. Hagamos del balde un símbolo de tener algún problema de salud o quizá algunos problemas económicos. Realmente necesitas fortaleza; este es un balde de buen tamaño.

Abres la manguera, y el agua viene otra vez, llenando gradualmente el fondo del balde, luego los costados y una vez más hasta el borde antes de dejar de fluir. *¿Cómo lo sabe?*

El tiempo pasa. Esta vez tienes una carretilla roja vacía, y la has llevado a la antigua manguera. Tal vez hayas perdido tu trabajo y, con ello, tu confianza. O tal vez tu matrimonio esté en malas condiciones, peor de lo que te dabas cuenta. Quizá se trate de un hijo con necesidades especiales, y estés abrumado.

Abres la manguera, y la tubería aún funciona. El agua sale con ese *ruido* conocido, y la carretilla empieza a llenarse. Y sabes cuándo se detiene. Suspiras aliviado. Una vez más, hay suficiente.

La siguiente vez, acercas un camión que remolca un tanque del tamaño de un tráiler. Es enorme. Tratamientos de radiación. Un hijo en la cárcel. Una aventura amorosa. Abres la manguera. El agua empieza a fluir dentro del tanque. Estás seguro de que no habrá suficiente, pero sigue saliendo. Fluye durante horas, y entonces justo cuando el tanque no puede contener una gota más, la manguera deja de fluir.

Mientras más vacíos estemos, más de su gracia podemos recibir. Mientras más débiles estemos, más de su fortaleza podemos descubrir.

Es así como funciona la gracia de Dios. Siempre hay suficiente. Por mucho vacío que le lleves, esa es la cantidad de gracia que Él tiene para darte. Mientras más vacíos estemos, más de su gracia podemos recibir. Mientras más débiles estemos, más de su fortaleza podemos descubrir. Por eso, Pablo afirma que puede gloriarse en su debilidad.

Hora de renunciar

Hace algunos años, estaba con mi familia en un viaje por carretera. Habíamos pasado horas viajando, y entré al estacionamiento de un hotel como a las dos de la mañana. Desperté a mi esposa y a los niños, y como zombis nos abrimos paso hacia el hotel. Mi hijo tenía cuatro años y había insistido en cargar su propio equipaje a lo largo del trayecto. Estaba en esa edad en que quería impresionarnos con su fortaleza. Flexionaba los músculos para exhibirlos o levantaba algo pesado solo para poder mostrarnos que podía hacerlo. Así que aunque el niño estaba medio dormido, sacó su equipaje del baúl, se lo echó al hombro y comenzó a tambalearse lentamente a través del estacionamiento.

Yo llevaba algunas maletas y seguía detrás de él cuando de repente se detuvo en medio del estacionamiento y dejó caer del hombro su equipaje sobre el pavimento. Me puse a su lado y me detuve. Él apenas tenía los ojos abiertos.

—Hola, compañero, ¿quieres que yo cargue tu equipaje? —pregunté.

Demasiado cansado para responder verbalmente, asintió con la cabeza. Levanté su equipaje, me lo eché al hombro y me dirigí a la puerta del hotel. Después de unos pasos, regresé a ver a mi hijo y me di cuenta de que no estaba moviéndose. Di media vuelta y fui hasta donde estaba. Tenía los hombros caídos y la cabeza agachada. Estaba agotado. Le pregunté si estaba bien.

—¿Me puedes cargar a mí también, papá? —inquirió sin siquiera mirarme.

Lo levanté en brazos y entré al hotel.

Sé que él quería mostrarnos lo fuerte que era, pero llegó un momento en que también estaba muy cansado y se sintió demasiado débil para continuar. Como padre, yo no estaba desilusionado o enojado con él. Es más, me produjo alegría poder ayudarle en ese momento. Él no se sentía capaz de seguir adelante. No tenía que dejar caer su equipaje y pedirme ayuda. Pudo haber insistido en cargarlo. Pero mientras más se negara a admitir su debilidad, más perdía las fuerzas disponibles para ayudarle. En el momento que dejó caer lo que estaba cargando, descubrió una gracia que no solo cargó su equipaje, sino que también lo cargó a él.

Nunca estás en mejor posición de experimentar la gracia de Dios que en el momento en que te das cuenta de que no tienes lo que se requiere.

Más esperanzadora que tu desesperación

En 1921, una pareja de misioneros de Suecia llamados David y Svea Flood fueron con su hijo de dos años al centro de África, a lo que entonces se llamaba el Congo Belga. Se reunieron con otra pareja de misioneros, y los cuatro decidieron llevar el evangelio a una región apartada, donde las personas nunca habían oído hablar de Jesús.

Desdichadamente, cuando llegaron, el jefe de la tribu no les permitió vivir en la aldea. Los obligaron a vivir a kilómetro y medio de distancia, y el único contacto que tenían con la aldea era un jovencito a quien el jefe permitió que se les acercara para venderles comida. Svea terminó llevando a ese joven a la fe en Jesús, pero ese fue el *único* progreso que lograron. Nunca tuvieron contacto con nadie más de la aldea. Finalmente, la otra pareja contrajo malaria y se fue. Los Flood se quedaron solos. Y pronto Svea, quien estaba embarazada, también contrajo malaria. Murió varios días después de dar a luz.

El esposo cavó una tumba burda, sepultó a su esposa de veintisiete años de edad y regresó a la estación principal de la misión. Entrego a su bebita recién nacida a los misioneros allí y les dijo: "Voy a regresar a Suecia. He perdido a mi esposa. Es evidente que no puedo cuidar de esta bebita. Dios ha arruinado mi vida". Luego agarró a su hijo y se fue. Los misioneros adoptaron a la pequeña y regresaron con ella a los Estados Unidos para criarla.

En este punto de la historia, no puedo dejar de preguntarme por qué un hombre de tal fe reaccionaría de este modo. Nunca he tenido que tratar con esta clase de desilusión y angustia, pero parece que el dolor era demasiado. La vida de este individuo parecía totalmente arruinada. Sin posibilidad de reparación. Desde su perspectiva, así terminó su historia. No había vuelta atrás de esa pérdida.

¿El final o el medio?

Cuando yo era joven, había una serie de libros para niños que era muy popular llamada *Elige tu propia aventura*. En distintos momentos de la historia, cada narración permitía al lector elegir entre varios finales diferentes. Así que si querías que la historia siguiera una dirección, ibas a la página 73, pero si querías que fuera en una dirección distinta, ibas a la página 96. Si comenzabas a leer la opción de la página 73 y no te gustaba cómo seguía desarrollándose la trama, simplemente dejabas de leer y tratabas un final alternativo.

Con el paso de los años, estos libros *Elige tu propia aventura* han vendido más de doscientos cincuenta millones de ejemplares. No me sorprende la popularidad que han alcanzado, porque la mayoría de nosotros preferiríamos una historia que pudiéramos controlar. Nos gusta la idea de poder cambiar nuestras circunstancias y decidir nuestros propios resultados. Sería bueno que la vida tuviera una Opción B que nos permitiera evitar la adversidad y sortear las dificultades.

Finalmente, todos llegamos a un punto en nuestra historia donde no queremos seguir leyendo. El reto es demasiado abrumador. La relación está demasiado destrozada. La situación es demasiado imposible. El dolor es demasiado fuerte. Creo que David Flood había alcanzado ese punto. ¿Has llegado alguna vez a un punto como ese? Lidias con tanto como puedes por el tiempo que puedes, pero en última instancia, el dolor se vuelve insoportable.

¿Qué pasaría si lo que parece el final de la historia, en realidad, es tan solo la mitad?

He aquí mi pregunta: ¿Qué pasaría si lo que parece el final de la historia, en realidad, es tan solo la mitad?

Cuando Dios es el escritor de tu historia, puedes confiar en que su gracia tendrá la última palabra. La gracia de Dios puede redimir cualquier cosa. Uno de los versículos más hermosos acerca del poder de la gracia de Dios es Romanos 8:28:

> Sabemos que Dios obra en toda situación para el bien de los que lo aman, los que han sido llamados por Dios de acuerdo a su propósito (PDT).

Pablo nos dice que el Escritor de nuestras historias, Aquel que dirige nuestras vidas, *es* digno de confianza y *va* a producir un buen final, sin importar lo malo que pueda parecer el capítulo que actualmente estemos leyendo. Esa es la promesa de la gracia. Pero seamos sinceros:

Cuando eres tú el que sufre,
cuando es tu salud la que está fallando,
cuando es tu matrimonio el que está destrozándose,

cuando es tu hijo quien está luchando,
cuando es tu trabajo el que se ha acabado, y
cuando el dolor es demasiado,

la idea de que la gracia de Dios obra en toda situación para bien parece, al menos, ingenua, pero más probablemente ofensiva. Cuando el dolor parece demasiado, simples frases trilladas no hacen mucho por hacernos sentir mejor.

Esta promesa debe haber parecido igual de increíble a los cristianos en Roma que la recibieron primero, porque a causa de su fe enfrentaban pérdida de trabajos, relaciones familiares e incluso sus vidas.

Al mencionar tribulación, angustia, persecución, hambre, desnudez, peligro y espada, Pablo reconoce algunas de las dificultades que ellos enfrentaban. Él asegura que "en todas estas cosas somos más que vencedores por medio de aquel que nos amó" (v. 37) y que nada "nos podrá separar del amor de Dios, que es en Cristo Jesús Señor nuestro" (v. 39). Pablo quiere que estos cristianos entiendan que por desesperada que pueda parecer la situación en el momento, el amor y la gracia de Dios triunfarán.

Él no estaba pidiendo un optimismo ciego. No dice: "Creemos que Dios obra en toda situación para bien". Tampoco dice: "pensamos" o "esperamos" o "estamos muy seguros", sino que dice: "*Sabemos que Dios* obra en toda situación para el bien".

Investigué sobre la palabra griega traducida "sabemos" y descubrí que significa una confianza absoluta e inquebrantable. Pablo está hablando con la seguridad de un hombre que ha vislumbrado la obra redentora de la gracia de Dios en su vida.

Esta palabra traducida "sabemos" se usa otra vez en Romanos 8. En el versículo 22, el apóstol habla del sufrimiento de esta vida y de cómo este mundo puede ser un lugar de calamidades. Por tanto escribe: "*Sabemos* que toda la creación gime a una".

En otras palabras, Pablo dice que dos aspectos son absolutamente seguros:

1. La vida es difícil (v. 22).
2. Dios es bueno (v. 28).

El apóstol está inquebrantablemente seguro de estas dos verdades. Pero a veces, el espacio entre ellas parece una eternidad.

Simplemente, sigue leyendo

A mi hija del medio le encanta leer. En el momento en que agarra una novela, entra en la historia y se involucra emocionalmente con los personajes. Cuando era más joven, no era raro que se sintiera tensionada a mitad del libro y dejara de leerlo. Yo me la pasaba animándola con tres palabras que tal vez tú debas escuchar en este momento en tu historia: "Simplemente, sigue leyendo".

La historia aún no ha terminado. El capítulo final todavía no se ha escrito. Confía en el Escritor. Si estás en medio de un capítulo titulado "La vida es difícil", puedes saber con seguridad que pronto llegarás a un capítulo titulado "Dios es bueno". Simplemente, sigue leyendo.

Todo esto me recuerda los Juegos Olímpicos de Invierno 2014, que se realizaron en China, por lo que los eventos se llevaban a cabo mientras la mayoría de estadounidenses estábamos durmiendo. Yo trataba de no averiguar quién ganaba cada competencia antes que se emitiera por televisión, pero era difícil. Una noche, mi familia estaba viendo a las parejas que danzaban en el hielo.[1] Ya antes había leído que los estadounidenses Meryl Davis y Charlie White habían ganado la primera medalla de oro

---

1. No soy un hombre orgulloso.

para los Estados Unidos en ese evento. Pero mi familia no tenía idea de que yo ya sabía quién había ganado.

Cuando los estadounidenses realizaban su rutina de danza sobre hielo, expresé mi confianza en que *esta* era una interpretación para ganar medalla de oro. Traté de impresionar a mis hijas con mi comprensión de las complejidades de esta disciplina. Cuando se anunció que Davis y White habían ganado el oro, no podía saber si mis hijas estaban orgullosas o avergonzadas de que su papá fuera tan experto en danza sobre hielo.

Debo admitir que fue divertido saber el final antes del final.

Y no soy solo yo. Dos investigadores de la UC San Diego realizaron un estudio que sugirió que en realidad los saboteadores no arruinan las historias. Hicieron tres experimentos usando doce relatos. Descubrieron que las personas disfrutaban *más* la narración si el final había sido saboteado, que si leían la historia en suspenso. Uno de los investigadores tenía una teoría interesante de por qué a la gente le gusta saber el final de la historia antes del final, y expresó: "Así que podría ser que una vez que sepas cómo resulta, es cognitivamente más fácil —estás más cómodo procesando la información— y puedes enfocarte en un entendimiento más profundo del relato".[2] Tal vez él tenga razón. Cuando una historia se ha saboteado, es más fácil seguir y entender. Perdemos algo del suspenso, pero quizá saber cómo terminará nos permite no solo soportar el viaje, sino en realidad, disfrutarlo.

Pablo no ofrece una alerta de aguafiestas, pero nos dice cómo termina la historia. Debido a la gracia, sabemos que en todas las cosas Dios obra para el bien de aquellos que lo aman y son llamados conforme a su propósito.

A veces solo tienes que seguir leyendo.

---

2. Adoree Durayappah, "The Spoiler Paradox: How Knowing a Spoiler Makes a Story Better, Not Worse", *Huffington Post*, 24 de octubre de 2011, http://www.huffingtonpost.com/adoree-durayappah-mapp-mba/spoiler-paradox_b_933261.html.

La historia de David Flood

Permíteme terminar de contar acerca de David Flood, el misionero sueco que mudó a su joven familia hasta África para ver a solo un niño llegar a la fe. Luego perdió a su esposa a causa de la malaria poco después que ella había dado a luz a su hija. Furioso con Dios, David enterró a su esposa, regaló la recién nacida a una pareja misionera de los Estados Unidos y regresó a Suecia con su hijo pequeño.

Bueno, a esa hija le pusieron el nombre de Aggie y se crio en los Estados Unidos, con padres cristianos. Un día en que ella revisaba el buzón, por alguna razón desconocida encontró una revista sueca. Se puso a hojearla, y de repente una fotografía la dejó helada. Era la imagen de una tumba rústica con una cruz blanca, en la que estaba escrito el nombre "Svea Flood". Aggie reconoció el nombre de su madre. Llevó la revista a alguien que pudiera traducirle la leyenda que acompañaba la fotografía. Se sentó y escuchó la historia acerca de la obra que su madre había hecho como misionera.

Algún tiempo después, la joven viajó a Suecia para buscar a su padre. Resulta que él se había vuelto a casar, tenía cuatro hijos más y básicamente había arruinado su vida con alcohol.

Después de una emotiva reunión con sus hermanos de padre, Aggie planteó el tema de ver a su papá. Al principio ellos dudaron.

"Puedes hablar con él, pero está muy enfermo —le explicaron entonces—. Y debes saber que se enfurece siempre que oye el nombre de Dios".

Aggie no se desanimó. Entró al diminuto apartamento del hombre, vio botellas vacías de licor por todas partes, y se acercó al individuo de setenta y tres años que la había abandonado años antes.

—¿Papá? —exclamó ella, y de inmediato él comenzó a llorar y a disculparse copiosamente.

—Está bien, papá —contestó Aggie sonriendo—. Dios cuidó de mí.

Al instante, el hombre se puso rígido, y sus lágrimas se detuvieron.

—Dios nos olvidó a todos —declaró, volviendo el rostro hacia la pared—. Nuestras vidas han sido así a causa de Él.

—Papá —replicó Aggie—, tengo una historia que contarte, y es verdadera. El niño pequeño que tú y mamá llevaron al Señor creció y llevó a toda su aldea a la fe en Jesús. La única semilla que ustedes plantaron siguió creciendo y creciendo. Hoy día más de seiscientas personas africanas están sirviendo al Señor debido a que ustedes fueron fieles al llamado de Dios en sus vidas. No fueron a África en vano. Mamá no murió en vano. Papá, Jesús te ama. Nunca te ha odiado.[3]

David estaba aturdido. Los músculos se le relajaron, y la conversación entre ellos continuó. Al final del día, él había regresado al Dios con quien se había resentido por tantas décadas y, a las pocas semanas, atravesó las puertas de la muerte y entró a su hogar eterno con Dios en el cielo.

Estoy agradecido por lo que Dios hizo mientras David Flood vivió sus últimas semanas en la tierra. Pero no puedo dejar de pensar que él pudo haber manejado su dolor mucho mejor si tan solo no hubiera perdido la fe en la bondad de Dios. Si solo hubiera creído que la gracia de Dios es más grande. ¿Y si en lugar de cerrar el libro, David hubiera seguido leyendo?

Definición divina del bien

Una de las razones de que tengamos dificultad para creer que la gracia de Dios obra para bien en nuestras vidas se debe a cómo definimos la palabra *bien*. Tenemos nuestras ideas propias de

---

3. Aggie Hurst, "A Story of Eternal Perspective", *Eternal Perspective Ministries*, 18 de febrero de 1986, http://www.epm.org/resources/1986/Feb/18 /story-eternal-perspective/. Extraído de Aggie Hurst, *Aggie: The Inspiring Story of a Girl without a Country* (Springfield, MO: Gospel Publishing House, 1986).

cómo Dios debe obrar para nuestro bien, ideas que van desde un informe libre de cáncer a un vuelo que llega a tiempo.

Hace algunos años, vi que mi licencia de conducir había expirado. (Me di cuenta de esto cuando el policía me lo explicó). Fui al Departamento de Vehículos para obtener una nueva licencia, y me dijeron que ya que el documento había expirado durante tanto tiempo, tendría que volver a tomar la prueba. Pasar la tarde en esa dependencia haciendo la prueba de conducir con un salón lleno de chicos de dieciséis años no fue el modo en que planeé pasar el día, pero no estaba preocupado. Había estado manejando por más de una década y estaba seguro de que pasaría el examen.

Pero cuando empecé a tomar la prueba, rápidamente comprendí que me hallaba en problemas. Luego entregué el examen al oficial, y ella comenzó a calificarlo frente a mí. Había sacado su bolígrafo rojo, y empecé a tomar nota de cuánto yo había pasado por alto. Llegó el momento en que me di cuenta de que fallaría si perdía un punto más. No fue un resultado aceptable. Imaginé llamando a mi esposa desde el Departamento de Vehículos y diciéndole: "¿Puedes venir por mí? No pasé el examen de mi licencia". Habría sido una confirmación de todo lo que ella ha dicho acerca de mi conducción, y yo nunca escucharía el final de la historia. Cuando la oficial terminó de calificar mi prueba, comencé a orar: *Jesús, si estás realmente escuchando…*

Ella llegó a la última pregunta y me miró con una ligera sonrisa.

—¿Quiso usted marcar la letra B en esa respuesta? —preguntó.

De repente, sentí que Dios estaba obrando en mi vida. La oficina del Departamento de Vehículos no es un lugar que por lo general Dios frecuente, pero ese día apareció allí.

Miré la pregunta, pero todavía no estaba seguro de cuál era la respuesta correcta. Así que empecé a ahogarme.

—¿Marqué la letra B? Eso no es lo que yo quería poner...

—¿Quiso usted marcar la C? —preguntó ella viendo que yo estaba batallando.

—Yo iba a decir C antes que usted lo dijera —aclaré—. Eso es lo que iba a decir.

La oficial eliminó la B, hizo un círculo en la C, y en todas las cosas Dios obra para bien.

Tiendo a creer que si Dios está obrando para mi bien, entonces todo lo que me sucede debería funcionar de acuerdo a mi definición de bien, como mi día en el Departamento de Vehículos. Pero cuando me ocurre algo no tan bueno, no parece que Dios estuviera cumpliendo su promesa. Tendemos a creer que si Dios obra para nuestro bien, entonces no experimentaremos dolor y, que de algún modo, estaremos exentos del sufrimiento de este mundo. Pero la definición divina de bien es muy diferente.

La bondad de la gracia

Por tanto, ¿cuál es la definición que Dios tiene del bien? Permíteme darte algunas maneras en que puedes saber que la gracia de Dios está actuando en medio de tu dolor para traer bondad a tu vida.

1. Puedes saber que la gracia de Dios actúa en tu sufrimiento para acercarte a Jesús.

Dios no desperdicia nuestro dolor, sino que más bien puede utilizarlo para acercar más nuestros corazones a Él. He aquí cómo la Nueva Traducción Viviente traduce 2 Corintios 7:10: "La clase de tristeza que Dios desea que suframos nos aleja del pecado y trae como resultado salvación".

Creo que esto es exactamente lo que sucede a muchos lectores. Pasas por algo increíblemente difícil y, en medio de ello, descubres a Jesús en una forma que nunca antes lo habías conocido. Lo que creías que era lo peor que alguna vez te ocurrió terminó siendo lo mejor que alguna vez te sucedió, porque te acercó a Jesús. Esa es la diferencia que hace la gracia. No siempre te elimina el sufrimiento, sino que hace algo mejor: te redime. En nuestro dolor, descubrimos la presencia de Jesús en una manera que, de otro modo, nunca habríamos descubierto.

2. Puedes saber que la gracia de Dios obra en tu sufrimiento para hacerte más como Jesús.

La gracia de Dios toma todos los pedazos rotos de nuestras vidas y los junta para que nos parezcamos más a Jesús. Después de prometernos que Dios obra en todo para bien en nuestras vidas, Pablo nos da una explicación adicional de, al menos, una forma en que Dios produce bondad. Romanos 8:29 expresa: "Porque a los que antes conoció, también los predestinó para que fuesen hechos conformes a la imagen de su Hijo".

Pablo habla de aquellos que Dios "antes conoció". Él es omnisciente, y su conocimiento no se limita a una línea temporal. Dios vive fuera de tiempo y espacio, y ve todas las cosas a la vez. No solo conoce todo lo que ha ocurrido, sino también todo lo que ocurrirá como si ya hubiera pasado. Nunca oirás decir a Dios: "Vaya, no vi venir eso". Y en su conocimiento previo sabe todo, bueno o malo, placentero o doloroso, que alguna vez te ocurrirá.

Luego se nos dice lo que Dios ha hecho con ese conocimiento: ha predestinado —es decir, predeterminado— que todo en la vida obre para nuestro bien al conformarnos a la imagen de Cristo. Al saber lo que pasarías, con antelación Dios decidió usar todo eso para hacerte más semejante a Jesús. Eso significa que tu dolor siempre tiene un propósito. Existe una gran diferencia entre dolor que tiene un propósito y dolor que parece inútil.

Dolor con propósito

Hace varios años, cuando yo era joven y tonto, me puse a discutir con mi esposa acerca del dolor de parto. Ella estaba muy convencida de que si los hombres tuvieran que soportar el dolor que acompaña a dar a luz, el mundo nunca se habría poblado. Hice una pequeña investigación y descubrí que el dolor más cercano que soportan los hombres es botar cálculos renales. Desde una perspectiva puramente física, tener cálculos renales y dar a luz son dos acontecimientos bastante cercanos en el cuadro del dolor. Después de saber que a menudo los hombres botan cálculos renales, pensé que lo mejor era llevarle esta prueba a mi esposa para que ella pudiera tener el nivel apropiado de aprecio por la tolerancia al dolor de la mitad masculina de las especies.

Mi esposa consideró la prueba, señaló que el estudio fue hecho por un hombre que nunca había experimentado una labor de parto de más de diez horas y que nunca había dado a luz. Pero luego señaló un gran punto. "Hay una gran diferencia en elegir el dolor y en no tener alternativa". Esto significa que las mujeres son más fuertes porque, conscientemente, eligen soportar el dolor, mientras que ningún hombre ha elegido jamás arrojar un cálculo renal. Ningún hombre ha dicho alguna vez: "Estoy emocionado de botar un cálculo renal".

No le admití eso a mi esposa, pero pensé que tenía algo de razón. Elegir experimentar un dolor representa un nivel diferente de resistencia, que verse obligado a pasar por el dolor. La pregunta es: ¿Por qué una mujer elegiría pasar por el dolor? Porque sabe que *el dolor tiene un propósito*.

Ella está dispuesta a soportar el dolor, porque está más enfocada en lo que el dolor producirá. Es más, después de pasar por el dolor insoportable de dar a luz, una mujer podría decir: "Eso fue muy gratificante. Espero que Dios me bendiga con otro embarazo". Pero ningún hombre que alguna vez haya expulsado un cálculo diría algo parecido.

La diferencia entre el dolor del parto y el dolor del cálculo es que el primero produce algo bueno y precioso. Hay un propósito que viene del dolor. Mientras podamos confiar en que el dolor tiene un propósito, podemos encontrar la fortaleza para soportarlo. Pablo nos recuerda que es la gracia de Dios la que nos da esta confianza. Su gracia en nuestro dolor es una promesa de que cualquier dolor que pasemos en esta vida no se desperdicia. Dará a luz algo bueno.

Como pastor, cientos de personas acuden a mí en busca de respuestas cuando su dolor parece excesivo. Uno de los comentarios que a menudo oigo es algo así: "Todo sucede por un *motivo*. Sé que Dios tiene un *motivo* para esto". Cuando el dolor de la vida es insoportable, nos desesperamos por darle sentido. Creemos que si hay un motivo detrás, el dolor no lastimará tanto. Pero no estoy seguro de que siempre haya un motivo, y aunque hubiera uno, estoy bastante seguro de que no siempre lo entenderíamos.

He aquí cómo he tratado de animar a las personas a replantear esa pregunta. En lugar de preguntar "¿Cuál es el motivo?", deberíamos averiguar "¿Cuál es el *propósito*?", porque no sé si siempre hay un motivo, pero sí sé que en su gracia Dios siempre tiene un propósito.

¿Cuál es la diferencia entre "motivo" y "propósito"? El motivo busca un *porqué*, pero el propósito se enfoca en *para qué*. El motivo quiere una explicación lógica que dé sentido a algo que ha ocurrido. El propósito nos brinda una esperanza de que Dios puede hacer que todo lo sucedido obre para bien.

¿Recuerdas lo que Jesús dijo cuando Él y sus discípulos se toparon con un hombre que había nacido ciego (Jn. 9), o cuando recibió la noticia de que una torre había caído en Siloé y había matado a dieciocho personas inocentes (Lc. 13)? La gente vino y le preguntó: "¿Por qué ocurrió esto? ¿Cuál es la explicación?".

Querían un motivo. Pero Jesús les dijo que estaban haciendo la pregunta equivocada. En pocas palabras, Él explicó: "Estas cosas suceden, pero detecten la obra de Dios que se ha de cumplir aquí". El Señor no les dio un motivo, pero les aseguró que había un propósito.

La gracia de Dios en nuestro dolor es que este no es en vano. Dios puede actuar por medio del dolor para hacernos más parecidos a Jesús.

Cuando la gracia lastima

Harold Wilke nació sin brazos, y durante su desarrollo muchas tareas que para otros niños eran naturales, para él resultaban extraordinariamente difíciles. Harold habla de un tiempo cuando era muy pequeño y estaba en el suelo tratando de ponerse la camisa. Su madre y una vecina amiga se detuvieron a observar mientras él se retorcía en el suelo.

—¿Por qué no le ayudas a ese pobre niño? —preguntó la vecina a la madre del pequeño.

La mamá tenía los brazos rígidamente apoyados a sus costados y la mandíbula apretada mientras resistía todo instinto.

—Estoy ayudándolo —respondió finalmente a través de sus dientes apretados.

La gracia de Dios para ti es que Él obrará a través de tu dolor para lograr su buen propósito en ti.

Cuando sufres o vives con dolor, sé que puede parecer que Dios, quien es todopoderoso, debería hacer algo para ayudar. Considera la posibilidad de que, en su gracia, Él *esté* ayudando. A veces la gracia lastima para poder ayudar. Es difícil hallar gracia en el cáncer, pero tal vez Dios lo permita para ayudarnos a hacer un balance de nuestras vidas y así ayudarnos tanto a nosotros como a quienes nos rodean a pensar acerca de la eternidad. Es difícil encontrar la gracia de Dios cuando no puedes soportar a tu jefe, pero tal vez Dios permite que un jefe difícil nos ayude a aprender a ser serenos y no encontrar nuestra identidad en un trabajo. Es difícil hallar gracia en el desempleo, pero tal vez Dios permite el desempleo para ayudarnos a entender que dependemos de Él. Quizás Dios permite el dolor de un corazón destrozado para poner al descubierto nuestra idolatría y hacer que aprendamos a enfocar nuestra esperanza en Él. La lista es interminable. ¿Cómo ha sido esto innegable en tu vida? La gracia de Dios para ti es que Él obrará por medio de tu dolor para lograr su buen propósito en ti.

En *Mero cristianismo*, C. S. Lewis nos ofrece estas imágenes:

> Imagínate como una casa viviente a la que Dios entra a reconstruir. Al comienzo quizá puedas entender lo que Él hace. Está arreglando las cañerías, las goteras en el techo y todas esas cosas —sabías que era necesario hacer esos trabajos, así que no te sorprendes—. Pero luego Dios empieza a golpear la casa por todos lados de un modo que duele horriblemente y no parece tener sentido. ¿Qué diablos se propone hacer? La explicación es que Dios está construyendo una casa muy diferente de la que creías, poniendo una nueva ala aquí, un piso nuevo allá, erigiendo torres, trazando jardines. Pensaste que te iban a convertir en una casita decente, pero Él está construyendo un palacio donde Él mismo pretende venir a vivir.[4]

Dios obra dentro de nosotros para hacernos más como Jesús. Puede que esto no tenga sentido ahora, pero simplemente, sigue leyendo.

En algunos casos, tendremos que seguir leyendo hasta llegar a la eternidad. La tensión entre "La vida es difícil" y "Dios es

---

4. C. S. Lewis, *Mere Christianity* (Nueva York: Touchstone, 1996), p. 176. Publicado en español por editorial Harper Collins Español con el título *Mero cristianismo*.

bueno" no se reconciliará por completo hasta que estemos con Él en el cielo. Pero desde la perspectiva del cielo, podremos finalmente ver la grandeza de la gracia de Dios. Pablo habla al respecto en 2 Corintios 4:17-18:

> Esta leve tribulación momentánea produce en nosotros un cada vez más excelente y eterno peso de gloria; no mirando nosotros las cosas que se ven, sino las que no se ven; pues las cosas que se ven son temporales, pero las que no se ven son eternas.

Dios sacará algo bueno de lo malo que te está pasando. Y aunque ahora no puedas ver cómo Dios podría estar acercándose u obteniendo gloria de tu dolor, aún tienes que recordar que estás en la mitad. Este *no es* el final de tu historia. Solo sigue leyendo. La gracia tendrá la última palabra.

El final de la historia

Hace algunos años, realicé un funeral para un miembro de nuestra iglesia llamado Craig. Él nunca había tenido problemas de salud, pero después de sentirse fatigado y tener malestar estomacal durante algunas semanas, su esposa lo instó a visitar al médico. Acudió al día siguiente y fue enviado a la sala de emergencia para hacerle exámenes y una tomografía computarizada.

En cuestión de minutos, le diagnosticaron cáncer de páncreas en fase cuatro y le dieron seis meses de vida. Él y su esposa se sentaron en un cuarto de hospital tratando de procesar lo que acababan de oír. Con lágrimas corriéndole por las mejillas, Craig le dijo a su esposa que en ese momento estaba poniendo su confianza en Dios sin importar lo que deparara el futuro.

Conocí a Craig cuatro meses antes de su funeral. Él y su esposa se me presentaron después de un culto en la iglesia. Craig me pidió que orara por él, porque recientemente le habían diagnosticado cáncer de páncreas. Parecía sano y fuerte, y de inmediato sentí una conexión con él. Además de tener más o menos mi misma edad, Craig era padre de tres hermosas hijas, exactamente como yo. Al orar a Dios por la sanidad de este hombre, fui un poco más emocional de lo que normalmente era. En los meses siguientes, hablé de vez en cuando con Craig y su esposa. Su tratamiento no estaba dando resultado, y el hombre comenzó a decaer rápidamente. La esposa demostraba mucho valor, pero en realidad estaba asustada. Hablamos algo sobre cómo tener conversaciones con las niñas pequeñas acerca de que su papito estaba enfermo. ¿Qué decirles? ¿Cómo prepararlas?

Cuando recibí la noticia de la muerte de Craig, yo no estaba contento con Dios. Lo había visto hacer milagros antes. ¿Por qué no esta vez? Y ya que pude identificarme con Craig, sentí más personal el suceso. Si la gracia de Dios es más grande que el cáncer de páncreas, ¿por qué Dios no curó a Craig y le dio más tiempo con sus niñas?

Mientras me preparaba para el funeral, me conecté en línea y leí un blog que Craig y su esposa habían iniciado como una forma de procesar lo que estaban pasando y además comunicar sus experiencias a otras personas. A los pocos minutos de estar leyendo la primera entrada al blog, me levanté y cerré la puerta de mi oficina para poder llorar mientras leía. Me conmovió mucho la brutal sinceridad y, en especial, la fe de ellos. Finalmente, llegué a la última aportación de Craig.

Con solo mirarme al espejo, puedo decir que mi espiral descendente ha comenzado. Estoy en un mínimo sin precedentes de 53,5 kilos. Me cuesta mucho trabajo afeitarme, porque mi cara es puro hueso y siento que debo afeitar todo contorno huesudo que tiene mi rostro. Mis ojos amarillos me recuerdan constantemente que la ictericia está reubicándose en mí. Esto significa que finalmente las cosas están comenzando a cerrarse. No hay nada por ahí que tenga sentido que yo pueda hacer a fin de tratar esto, que no hayamos visto ya…

El ánimo que tengo respecto a que mi vida eterna estará en el cielo y que pronto estaré libre de cáncer me pone una sonrisa en el rostro.

Estoy tan motivado por lo que el futuro tiene para ofrecerme, que hay muchos motivos para estar emocionado.[5]

Por último llegué a la misma frase final. Solo eran tres palabras entre cinco signos de exclamación. Las últimas palabras de Craig:

¡¡¡¡¡Dios es bueno!!!!!

La vida es difícil.
Dios es bueno.
Solo sigue leyendo.
Su gracia es mayor.

---

5. Craig Merimee, "My End of the Road", *The Merimees' Journey*, 29 de febrero de 2012, http://merimeejourney.blogspot.com/2012/02/my-end-of-road.html.

Kyle Idleman es pastor docente en Southeast Christian Church en Louisville, Kentucky, la quinta iglesia más grande en los Estados Unidos, donde predica a más de veinte mil personas cada fin de semana. Kyle es un galardonado escritor de éxitos de ventas, como *No soy Fan*, *Dioses en guerra* y *Ajá*. Es un orador muy solicitado en convenciones nacionales e iglesias influyentes de toda la nación. Kyle y su esposa DesiRae tienen cuatro hijos y viven en una granja en Kentucky, aunque no se dedica a la actividad agrícola.

EDITORIAL
PORTAVOZ

NUESTRA VISIÓN

Maximizar el efecto de recursos cristianos de calidad que transforman vidas.

NUESTRA MISIÓN

Desarrollar y distribuir productos de calidad —con integridad y excelencia—, desde una perspectiva bíblica y confiable, que animen a las personas a conocer y servir a Jesucristo.

NUESTROS VALORES

Nuestros valores se encuentran fundamentados en la Biblia, fuente de toda verdad para hoy y para siempre. Nosotros ponemos en práctica estas verdades bíblicas como fundamento para las decisiones, normas y productos de nuestra compañía.

Valoramos la excelencia y la calidad
Valoramos la integridad y la confianza
Valoramos el mérito y la dignidad de los individuos
   y las relaciones
Valoramos el servicio
Valoramos la administración de los recursos

Para más información acerca de nuestra editorial y los productos que publicamos visite nuestra página en la red: www.portavoz.com